MP 3 形式
CD-ROM

# TEST OF PRACTICAL JAPANESE

D-E

実用日本語検定問題集
〔D-Eレベル〕
2020年

JN119460

日本語検定協会 編

語文研究社

# はじめに

　この『J. TEST 実用日本語検定 問題集[D-E レベル]2020 年』には、2020 年の D-E レベル試験 6 回分を収めました。

　「J. TEST 実用日本語検定」の練習に利用してください。

　なお、下記の問題は、出版までに著者の同意が得られなかったため、過去に出題された問題と差し替えています。差し替えた問題には★印がついています。

第 3 回問題 7

　「J. TEST 実用日本語検定」についての最新の情報は下記の URL をご覧ください。

J. TEST 事務局本部　http://j-test.jp/

日本語検定協会／J. TEST 事務局

●「文法・語彙」と「応答問題」にミニテストがあります。

第 1 回
https://jtest-online.jp/2020/de/01-g
https://jtest-online.jp/2020/de/01-lis

第 2 回
https://jtest-online.jp/2020/de/02-g
https://jtest-online.jp/2020/de/02-lis

第 3 回
https://jtest-online.jp/2020/de/03-g
https://jtest-online.jp/2020/de/03-lis

第 4 回
https://jtest-online.jp/2020/de/04-g
https://jtest-online.jp/2020/de/04-lis

第 5 回
https://jtest-online.jp/2020/de/05-g
https://jtest-online.jp/2020/de/05-lis

第 6 回
https://jtest-online.jp/2020/de/06-g
https://jtest-online.jp/2020/de/06-lis

# 目　次

はじめに

## 試験問題

# 正解とスクリプト

# 実用日本語検定

## TEST OF PRACTICAL JAPANESE

# J.TEST

| 受験番号 | | 氏　名 | |
|---|---|---|---|

## 注　意

試験が始まるまで、この問題用紙を開けないでください。

日本語検定協会／J.TEST事務局

# J.TEST

# 実用日本語検定

読 解 試 験

# 1　文法・語彙問題

A　次の文の（　　　）に１・２・３・４の中から一番いい言葉を入れてください。

（1）　娘さん、人形の（　　　）かわいいですね。
　　　　1　よう　　　　　　2　ようだ　　　　　3　ような　　　　　4　ように

（2）　お皿の汚れがとれている（　　　）よく見てください。
　　　　1　か　　　　　　　2　と　　　　　　　3　を　　　　　　　4　に

（3）　そんなにいそいでどうした（　　　）？
　　　　1　の　　　　　　　2　か　　　　　　　3　そう　　　　　　4　とか

（4）　今年は、（　　　）が厳しいです。
　　　　1　寒い　　　　　　2　寒　　　　　　　3　寒さ　　　　　　4　寒く

（5）　空を（　　　）夢を見ました。
　　　　1　飛ぶ　　　　　　2　飛んで　　　　　3　飛べ　　　　　　4　飛び

（6）　（　　　）続ければ、見つかるかもしれません。
　　　　1　探せ　　　　　　2　探す　　　　　　3　探し　　　　　　4　探して

（7）　何も見（　　　）スピーチしました。
　　　　1　なくて　　　　　2　ても　　　　　　3　ながら　　　　　4　ずに

（8）　藤原さん、1年経ってようやく仕事を（　　　）つつありますね。
　　　　1　覚え　　　　　　2　覚えて　　　　　3　覚える　　　　　4　覚えた

（9）　会議が（　　　）次第、ご連絡いただけますか。
　　　　1　終わる　　　　　2　終わって　　　　3　終わり　　　　　4　終われ

（10）　A：「暑いのにネクタイですか」
　　　　B：「会議のときは、つける（　　　）んですよ」
　　　　1　ことになっている　　　　　　　　2　ことでなっている
　　　　3　ことである　　　　　　　　　　　4　ことはない

3 次の文の（　　　）に１・２・３・４の中から一番いい言葉を入れてください。

(11) パンにバターを（　　　）ます。
　　　1　滑り　　　　　2　塗り　　　　　3　剃り　　　　　4　包み

(12) 涼しい（　　　）になりましたね。
　　　1　季節　　　　　2　科学　　　　　3　時代　　　　　4　文化

(13) この作業は、1時間（　　　）に終えてください。
　　　1　以上　　　　　2　以内　　　　　3　以外　　　　　4　以下

(14) このにく、（　　　）かめませんよ。
　　　1　怖くて　　　　2　うまくて　　　3　寂しくて　　　4　硬くて

(15) 布団を（　　　）暖かくして寝てください。
　　　1　祈って　　　　2　掛けて　　　　3　迎えて　　　　4　飾って

(16) わたしの会社は、あの高い（　　　）の31階です。
　　　1　ガム　　　　　2　ガス　　　　　3　ビザ　　　　　4　ビル

(17) この説明書、（　　　）、わかりませんね。
　　　1　苦くて　　　　2　盛んで　　　　3　複雑で　　　　4　浅くて

(18) 床を（　　　）ではいてください。
　　　1　スポンジ　　　2　ぞうきん　　　3　ほうき　　　　4　ちりとり

(19) 新商品のデザインについては、（　　　）考えましょう。
　　　1　じっと　　　　2　じっくり　　　3　ぐっすり　　　4　そっくり

(20) ため息ばかり（　　　）どうしたんですか。
　　　1　落ちて　　　　2　込めて　　　　3　ついて　　　　4　立って

C 次の文の＿＿＿の意味に一番ちかいものを１・２・３・４の中から選んでください。

(21) この資料はわかりにくいです。
　　　1　便利　　　　　　2　難しい　　　　3　細かい　　　　4　ひどい

(22) わたしは、この服がとても気に入っています。
　　　1　嫌いです　　　　　　　　　　　2　すきです
　　　3　恥ずかしいです　　　　　　　　4　苦手です

(23) 彼には、また会うチャンスがあります。
　　　1　予定　　　　　　2　機会　　　　　3　危険　　　　4　約束

(24) こちらは、和室です。
　　　1　屋上　　　　　　2　お風呂　　　　3　畳の部屋　　　4　講堂

(25) ねこの世話をしています。
　　　1　を育てています　　　　　　　　2　が鳴いています
　　　3　がけんかしています　　　　　　4　に逃げられました

(26) 昨日のプレゼン、失敗してしまいました。
　　　1　すばらしかったです　　　　　　2　よくできました
　　　3　楽しめました　　　　　　　　　4　うまくできませんでした

(27) 米を輸出しています。
　　　1　他の国に売っています　　　　　2　他の国で作っています
　　　3　他の国から買っています　　　　4　他の国の人が作っています

(28) 今井さんばかりか、滝田さんまで会社を辞めてしまいました。
　　　1　のせいで　　　2　だけでなく　　3　によると　　　4　がやめたとたん

(29) 部長に誘われたのだから、ゴルフに行かないわけにはいかない。
　　　1　行くよりほかはない　　　　　　2　行くわけがない
　　　3　行くべきだ　　　　　　　　　　4　行きたくない

(30) メールの返信を忘れがちです。
　　　1　忘れることはありません　　　　2　忘れてしまいました
　　　3　忘れないようにしています　　　4　忘れることが多いです

―― このページには問題はありません。――

## 2 読解問題

## 問題 1

次のメールを読んで、問題に答えてください。
答えは 1・2・3・4の中から一番いいものを1つ選んでください。

＜ビダリさんから井口さんに送ったメール＞

今バスに乗っているのですが、
道が混んでいるので少しおくれそうです。

＜井口さんからビダリさんに送ったメール＞

わかりました。課長に伝えておきます。

お願いします。今日は、朝のスピーチがあるんですが、
誰かにかわってもらったほうがいいんでしょうか。

いや、きゅうに言われてもできないと思いますよ。
たぶん今日のスピーチは、なしになると思います。

そうですか。じゃ、あとで課長に来週やると伝えます。

(31) 井口さんは、このあとまず何をしますか。

1 ビダリさんのスピーチを考えます。

2 ビダリさんにスピーチができないことを伝えます。

3 課長にビダリさんがおくれることを伝えます。

4 課長にビダリさんがバスに乗っていることを伝えます。


(32) メールの内容と合っているのは、どれですか。

1 井口さんとビダリさんは一緒にスピーチをします。

2 井口さんも会社に間に合いません。

3 ビダリさんは、スピーチが苦手で困っています。

4 ビダリさんは今日、スピーチをしません。

# 問題　2

次の文章を読んで、問題に答えてください。
答えは１・２・３・４の中から一番いいものを１つ選んでください。

---

4人に、「映画」について聞きました。

### Aさん

歌ったり、踊ったりするシーンが多いと、自分も楽しくなります。スポーツの映画もいいですね。弱かったチームが、つよくなっていく話がすきです。友だちと映画館で見るのがすきです。

### Bさん

よく見ます。でも、映画館には行きません。友だちが忙しくて会えない時などに、DVDで見ます。人生や社会について考えさせる、まじめな映画がすきです。

### Cさん

学生のときから、自分でアニメの映画を作っています。最初は、先輩に手伝ってもらいましたが、すぐに一人でも作れるようになりました。全部自分で考えて、パソコンで作ります。

### Dさん

家で料理を作って映画パーティーをします。夜中まで３本くらい見ます。何人も集まるのでとても楽しいです。野球やサッカーの映画がいいですね。

---

(33)　一人で映画を見るのは、誰ですか。

　　　1　Aさんです。

　　　2　Bさんです。

　　　3　Cさんです。

　　　4　Dさんです。


(34)　スポーツの映画がすきな人は、誰ですか。

　　　1　Aさんだけです。

　　　2　AさんとDさんです。

　　　3　BさんとCさんです。

　　　4　BさんとDさんです。


(35)　文章の内容と合っているのは、どれですか。

　　　1　Aさんは、映画を見ながら歌ったり踊ったりします。

　　　2　Bさんは、よく映画館に行きます。

　　　3　Cさんは、最初一人では映画を作れませんでした。

　　　4　Dさんは、朝から昼まで映画を見ます。

# 問題　3

次のお知らせを読んで問題に答えてください。
答えは1・2・3・4の中から一番いいものを1つ選んでください。

---

 健康チェック・相談会のお知らせ

1．日時　　　　2月10日（月）　11時〜14時　（出入り自由）

2．場所　　　　4階会議室

3．料金　　　　無料

4．目的　　　　社員およびアルバイトのみなさんの健康のため

5．内容　　　　やまと病院の医師・看護師に、体調や生活習慣のことや
　　　　　　　　薬のことを相談できます。


相談会に行かれる方は、2月3日(月)までに総務部藤原にご連絡ください。
質問票をお渡ししますので、当日書いて持って来てください。

総務部　藤原
fuji@xxx.xx

---

(36)　相談会に行きたい人は、このあとまず何をしますか。
　　1　申込書を持って会議室に行きます。
　　2　やまと病院に行きます。
　　3　藤原さんに質問票を出します。
　　4　藤原さんに連絡します。

(37)　お知らせの内容と合っているのは、どれですか。
　　1　11時までに会場に行かなければなりません。
　　2　自分の体の心配なことを、医者に話すことができます。
　　3　当日は、何も持って行かなくてもいいです。
　　4　アルバイトの人は、藤原さんにメールしなければなりません。

# 問題 4

次の文章を読んで問題に答えてください。
答えは1・2・3・4の中から一番いいものを1つ選んでください。

---

わたしが住んでいるみどり市には、立派な(*1)城があります。70年くらい前に建てられたものです。古くなって危険なので、今は中に入ることができません。今、この城を建て直す計画がすすんでいますが、はんたいする市民はあまりいません。実はみんな生活するのに一生懸命で、あまり城に興味がないのです。保育園を増やしたり、地震につよい町づくりをしたり、他にやってほしいことがたくさんあるからです。

父からこんな話を聞いたことがあります。今から300年くらい前、東京で大きな火事があり、城がなくなってしまいました。そのときの政治家は、城を建て直すより人々を助けるほうが大切だと考えたそうです。ですから東京には今、城がありません。周りの門や(*2)塀は残っていますが、真ん中に大きな城はないのです。昔の人が作った建物を守ることも大切だったと思いますが、そのための力やお金を、東京に住む人々のために使ったと知って、なんて立派な考えなんだと思いました。

わたしはこの話のように、市長にもっと市民のことを考えてほしいと思っています。

(*1) 城…昔、偉い人が作ったつよくて大きな建物
(*2) 塀…家などの周りに作った壁

---

(38) 下線部「立派な考え」とは、どんな考えですか。
1 門や塀を残したことです。
2 城を作り直さなかったことです。
3 地震につよい町を作ったことです。
4 火事のとき、城を守る塀を作ったことです。

(39) 文章の内容と合っているのは、どれですか。
1 東京には、立派な城があります。
2 わたし（＝筆者）の考えは、市長と同じです。
3 みどり市の城は今、見学できません。
4 みどり市の市民は、新しい城を作るためにがんばっています。

# 問題 5

次のメールを読んで、問題に答えてください。
答えは1・2・3・4の中から一番いいものを1つ選んでください。

＜野田さんから外出中のロンさんへ送ったメール＞

> ロンさん
> お疲れ様です。
> 先ほどS社の水谷さんから電話がありまして、
> 約束の日を変えてほしいそうです。
> このあと出張に行くので、すぐに連絡がほしいということです。
>
> 野田

＜ロンさんから野田さんへ送ったメール＞

> 野田さん
> お疲れ様です。
> 連絡ありがとうございます。先ほどわたしのところにも水谷さんから
> 電話があり、約束の日を変えたところです。
> また、会社に戻る時間ですが、15時ではなく16時頃になりそうです。
> 予定表、変えておいてくれますか。
> ロン

> ロンさん
> それならよかったです。
> 戻りは、16時ですね。わかりました。
> 野田

(40) 野田さんは、このあとまず、何をしますか。
　　　1　ロンさんからの連絡を待ちます。
　　　2　水谷さんにロンさんの予定を連絡します。
　　　3　水谷さんにメールします。
　　　4　予定表のロンさんの戻り時間を16時に変えます。


(41) ロンさんについて、メールの内容と合っているのは、どれですか。
　　　1　水谷さんと話して、会う日を変えました。
　　　2　これから水谷さんに連絡します。
　　　3　今日から出張に行きます。
　　　4　15時に会社に戻ります。

# 問題　6

次の文章を読んで、問題に答えてください。
答えは1・2・3・4の中から一番いいものを1つ選んでください。

---

　　わたしの近所のスーパーには、すてきな従業員がいる。彼は、駐車場で車を案内する係員なのだが、足が少し悪いらしく、片足を引きずるように移動している。それでもきびきびとげんきに動く。いつも明るい笑顔だ。車の中の客にも、歩いている客にも、親しげにあいさつしてくれる。

　　わたしの友人は、そのスーパーのレジ係をしている。彼女と喫茶店で話をしているとき、駐車場の案内係のことを聞いた。「駐車場にいい人がいる」と言えば、すぐにわかると思った。しかし彼女は、「誰のこと？」と(*)首をかしげた。少し説明したが、結局彼女にわかってもらえなかった。意外だった。そして心配になった。

　　あの駐車場案内係の仕事が上司や同僚に理解されていないのではないか。彼は誰からもほめられず、自分のすばらしさを知ることなく、退職するのではないか。それはとても残念なことだ。

　　しかし、その心配はいらなかったようだ。その後、友人はわたしに教えてくれた。店は、あの駐車場案内係に特別なボーナスと旅行をプレゼントしたそうだ。わたしの友人も本当は彼のことをよく知っていた。ただ、足が悪いとは思っていなかった。彼がプレゼントをもらうとき、大勢の従業員の前で緊張して歩く姿を見て、はじめて気づいたそうだ。わたしは、「いい人」と言う前に「足が悪い」と話していたらしい。

（*）首をかしげた…不思議そうにした

---

(42) 下線部「心配になった」とありますが、わたし（＝筆者）は、何を心配しましたか。
1　自分の話しかたがよくないことです。
2　駐車場の係員が正しく評価されていないことです。
3　友人が職場のことをよく知らないことです。
4　駐車場を案内する仕事が大変なことです。

(43) わたし（＝筆者）の話を聞いたとき、友人はどうして駐車場案内係のことが
わかりませんでしたか。
1　働いている場所が違うので、会ったことがなかったからです。
2　駐車場案内係のことをいい人だと思っていなかったからです。
3　友人が入社する前に駐車場案内係は、退職していたからです。
4　駐車場案内係が、足が悪いことを知らなかったからです。

(44) 文章の内容と合っているのは、どれですか。
1　わたし（＝筆者）の友だちも、駐車場の案内係です。
2　わたし（＝筆者）と友だちは、駐車場の係員に旅行をプレゼントしました。
3　駐車場の係員は、すぐに退職しました。
4　駐車場の係員は、いつもにこにこしています。

# 問題　7

次のメモを読んで問題に答えてください。
答えは１・２・３・４の中から一番いいものを１つ選んでください。

---

亀井さん

本日（10月３日）10時33分、
サンコーレーベルの小泉様よりＴＥＬありました。
クリスマスセールの広告の件、最終決定をしてもらいたいそうです。
メールに添付してあるサンプルを（　Ａ　）し、
連絡くださいということです。
本日16時頃までは、事務所にいらっしゃるそうなので、
それまでにご連絡よろしくお願いします。

本間

---

(45)　（　Ａ　）に入る言葉は、どれですか。
1　暗記
2　指定
3　確認
4　下書き

(46)　メモの内容と合っているのは、どれですか。
1　亀井さんは、小泉さんにメールしてあります。
2　亀井さんは、小泉さんからもらった資料を見ます。
3　小泉さんは、今日亀井さんの会社に来ます。
4　本間さんは、あとで小泉さんに電話します。

# 3 漢字問題

A 次のひらがなの漢字をそれぞれ1・2・3・4の中から1つ選んでください。

(47) この料理は、<u>あじ</u>が濃いです。

    1 肉        2 味        3 菜        4 鳥

(48) わたしは、背が<u>ひくい</u>です。

    1 遠い       2 強い       3 青い       4 低い

(49) 会社のそばに部屋を<u>かり</u>ています。

    1 代りて     2 足りて     3 貸りて     4 借りて

(50) このテーブルを<u>はこん</u>でください。

    1 生んで     2 進んで     3 運んで     4 好んで

(51) もっと<u>ふとい</u>字で書いてください。

    1 太い       2 安い       3 近い       4 短い

(52) どんな<u>けんきゅう</u>をしていますか。

    1 究研       2 研究       3 教習       4 習教

(53) <u>こうじ</u>は、3月からです。

    1 行事       2 工事       3 悪事       4 無事

(54) 祖父は、<u>はたけ</u>にいます。

    1 草        2 畑        3 果        4 根

(55) 弟の<u>がくひ</u>を払っています。

    1 学期       2 学術       3 学芸       4 学費

(56) 社長の<u>はんだん</u>を待ちましょう。

    1 半袖       2 犯罪       3 判断       4 反対

B　次の漢字の読み方を例のようにひらがなで書いてください。

---

・ひらがなは、**ただしく、ていねいに**書いてください。
・**漢字の読み方だけ**書いてください。

（例）　はやく<u>書</u>いてください。　　　（例）　　　か

---

(57)　<u>急</u>に用事ができて、行けなくなりました。

(58)　藤村さん、<u>元気</u>がないですね。

(59)　<u>風</u>がきもちいいですね。

(60)　<u>夕方</u>までにレポートを出してください。

(61)　わたしは、<u>冬</u>がすきです。

(62)　危ないですから、ここを<u>通</u>らないでください。

(63)　<u>茶色</u>のかばんを買いました。

(64)　永井さん、作業の<u>速度</u>を上げてください。

(65)　そこにある砂糖、<u>量</u>ってくれませんか。

(66)　また<u>遅</u>くまで残業ですか。

# 4　記述問題

A　例のように_____に合う言葉を入れて文をつくってください。

---

・文字は、**ただしく、ていねいに**書いてください。
・漢字で書くときは、**今の日本の漢字**を**ただしく、ていねいに**書いてください。

（例）　きのう、_____でパンを_____。
　　　　　　　　　　　　（A）　　　　　　　　　　　（B）

| （例） | （A） | スーパー | （B） | 買いました |
|---|---|---|---|---|

---

（67）

A：コンビニは、どこに_____か。
　　　　　　　　　　　　　　　（A）

B：あの角を左に_____、まっすぐ行ったところです。
　　　　　　　　　　　　（B）

（68）

小森：あのかたは、坂本さんの_____ですか。
　　　　　　　　　　　　　　　　　　（A）

坂本：ええ、わたしの姉です。区役所で_____います。
　　　　　　　　　　　　　　　　　　　　　　（B）

（69）

A：大きな台風があった_____ニュースを見ましたが、そちらは大丈夫ですか。
　　　　　　　　　　　　（A）

B：ええ。大丈夫です。
　　わたしの町_____も、祖母が住んでいる町のほうが心配です。
　　　　　　　　（B）

（70）

A：昼から雨なのに、洗濯物を_____まま出てきてしまいました。
　　　　　　　　　　　　　　　　　　　　　（A）

B：あー、それは大変ですね。雨が_____うちに帰ったほうがいいですよ。
　　　　　　　　　　　　　　　　　　　（B）

B　例のように３つの言葉を全部使って、会話や文章に合う文をつくってください。

・【　　　】の中の文だけ書いてください。
・1.→2.→3.の順に言葉を使ってください。
・言葉の＿＿の部分は、形を変えてもいいです。
・文字は、ただしく、ていねいに書いてください。
・漢字で書くときは、今の日本の漢字をただしく、ていねいに書いてください。

（例）

きのう、【　1．どこ　→　2．パン　→　3．買う　】か。

| （例） | どこでパンを買いました |
|---|---|

(71)

ここで【　1．くつ　→　2．脱ぐ　→　3．スリッパ　】をはいてください。

(72)

A：先月の旅行、どうでしたか。

B：とても楽しかったですが、

　　ホテル【　1．部屋　→　2．あまり　→　3．きれい　】でした。

(73)

岡本：昨日、エイミーさんが国に【　1．帰る　→　2．こと　→　3．知る　】か。

大城：そうなんですか!?　その前に会いたかったのに…。

(74)　（会社で）

石塚：レイチェルさん、今日も休みですか。

加藤：ええ、【　1．かぜ　→　2．なかなか　→　3．治る　】みたいですよ。

# J.TEST

# 実用日本語検定

ちょうかいしけん
## 聴 解 試 験

# 1 写真問題 (問題1〜6)

例題

れい ● ② ③ ④　（答えは解答用紙にマークしてください）

A　問題1

B　　問題2

C　　問題3

D 問題4

E 問題5

# 2 聴読解問題 (問題7〜12)

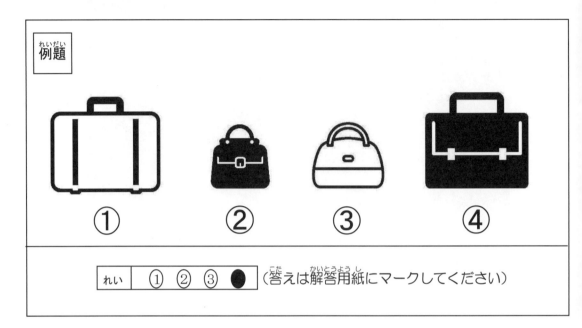

例題

① ② ③ ④

れい　① ② ③ ●　(答えは解答用紙にマークしてください)

G　問題7

① ② ③ ④

H　問題8

① 改札の前

② 本屋

③ トイレのちかく

④ 電車の中

I　問題9

J　問題10

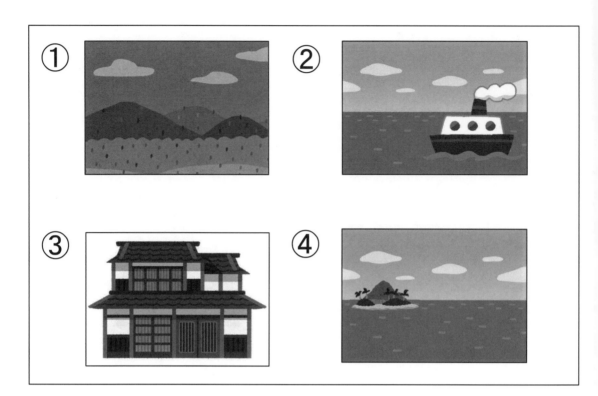

K　問題11

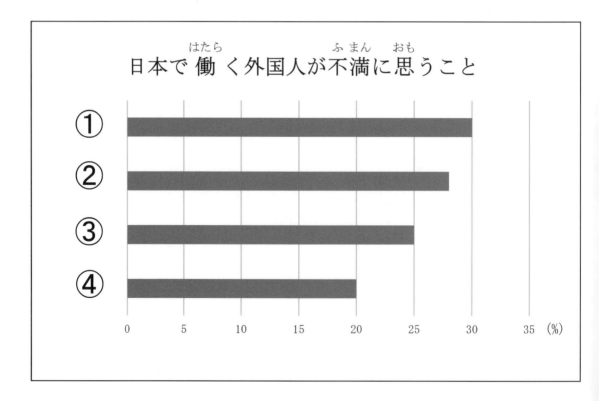

L　問題12

| 3日 | 4日 | 5日 | 6日 | 7日 |
|---|---|---|---|---|
| 旧オフィスから荷物移動 → | | ゴミ出し | 新オフィス整理 ← → | |

① 3日

② 5日

③ 3日と4日

④ 3日と7日

# 3 応答問題 (問題13〜28)

(問題だけ聞いて答えてください。)

| 例題1 | → | れい1 | ● | ② | ③ |
|-------|---|------|---|---|---|
| 例題2 | → | れい2 | ① | ● | ③ |

(答えは解答用紙にマークしてください)

問題13

問題14

問題15

問題16

問題17

問題18

問題19

問題20

問題21

問題22

問題23

問題24

問題25

問題26

問題27

問題28

メモ (MEMO)

# 4 会話・説明問題 （問題29〜38）

|  | 1 | 耳が痛いですから |
|---|---|---|
|  | 2 | 頭が痛いですから |
|  | 3 | 歯が痛いですから |

れい　① ● ③　（答えは解答用紙にマークしてください）

1

問題29　1　財布を取りに帰ります。

2　男の人にお金を渡します。

3　男の人と昼食を食べに行きます。

問題30　1　二人は、もうお昼ご飯を食べました。

2　女の人は、今月の給料をまだもらっていません。

3　男の人は、今お金をたくさん持っています。

2

問題31　1　カメラを作る会社です。

2　コンピューターを作る会社です。

3　靴を作る会社です。

問題32　1　コンピューターを使って、足の大きさを測ることができます。

2　国で靴を作っていました。

3　日本の大学で勉強しています。

3

問題33 1　スマホを買ったほうがいいです。
　　　　 2　パソコンを直したほうがいいです。
　　　　 3　寮のパソコンの利用登録をしたほうがいいです。

問題34 1　スマホが壊れました。
　　　　 2　寮のパソコンを使ったことがありません。
　　　　 3　パソコンを持っていませんでした。

4

問題35 1　速く走ることです。
　　　　 2　体を作ることです。
　　　　 3　ゴールすることです。

問題36 1　簡単な運動をします。
　　　　 2　マラソン大会に出ます。
　　　　 3　ジョギングを始めます。

5

問題37 1　プラスチックのストローを使いません。
　　　　 2　買い物袋を持って買い物に行きます。
　　　　 3　プラスチック製品を買いません。

問題38 1　イギリスでは、プラスチック製品が全て禁止されました。
　　　　 2　アメリカでは、レジ袋を禁止したところもあります。
　　　　 3　金属製のストローが開発されました。

おわり

# 実用日本語検定

## TEST OF PRACTICAL JAPANESE

# J.TEST

| 受験番号 | | 氏 名 | |
|---|---|---|---|

## 注　意

試験が始まるまで、この問題用紙を開けないでください。

日本語検定協会／J.TEST事務局

# J.TEST

# 実用日本語検定

## 読解試験
（どっかいしけん）

# 1 文法・語彙問題

A 次の文の（　　　）に1・2・3・4の中から一番いい言葉を入れてください。

（1）　玄関のお花、いいにおい（　　　）しますね。
　　　1　か　　　　　　2　が　　　　　　3　と　　　　　　4　を

（2）　エプロンをつけた（　　　）外に出てしまいました。
　　　1　ところ　　　　2　ほど　　　　　3　まま　　　　　4　ように

（3）　小さいころからピアノを（　　　）続けています。
　　　1　習って　　　　2　習い　　　　　3　習う　　　　　4　習え

（4）　娘は勉強しないで、（　　　）ばかりいます。
　　　1　遊ぶ　　　　　2　遊び　　　　　3　遊んで　　　　4　遊んだ

（5）　昨日、私は店長にお皿をぜんぶ（　　　）、腰が痛くなりました。
　　　1　洗って　　　　2　洗われて　　　3　洗わせて　　　4　洗わされて

（6）　この資料の漢字が（　　　）どうか、見ていただけますか。
　　　1　正しいのに　　2　正しいか　　　3　正しくても　　4　正しいから

（7）　たとえどんなに雨が（　　　）、試合は行われます。
　　　1　降ったら　　　2　降っても　　　3　降るなら　　　4　降ったが

（8）　毎日頑張ってはたらくのは、家族が大事だから（　　　）です。
　　　1　も　　　　　　2　には　　　　　3　さえ　　　　　4　こそ

（9）　これからも取引を続けてもらうには、誠実に（　　　）。
　　　1　謝るしかありません　　　　　　　2　謝りっぱなしです
　　　3　謝ることはありません　　　　　　4　謝るとは限りません

（10）　A：「どうして残業してるんですか」
　　　　B：「今朝、電車が（　　　）せいで、昼ごろ会社に来たもので…」
　　　1　遅れた　　　　　　　　　　　　　2　遅れて
　　　3　遅れ　　　　　　　　　　　　　　4　遅れる

3 次の文の（　　）に1・2・3・4の中から一番いい言葉を入れてください。

(11)　私は、毎日会社の食堂で（　　）を食べます。
　　　1　アルコール　　　2　ビザ　　　　　3　定食　　　　　4　もめん

(12)　今、車で空港へ（　　）いるところです。
　　　1　守って　　　　　2　向かって　　　3　迎えて　　　　4　飛んで

(13)　このプールは（　　）ので、小さい子どもも遊べます。
　　　1　厳しい　　　　　2　柔らかい　　　3　うまい　　　　4　浅い

(14)　倉庫を出る時は、かぎを（　　）閉めてください。
　　　1　しっかり　　　　2　なかなか　　　3　けっして　　　4　はっきり

(15)　出張の帰りは、いつも駅前のラーメン屋に（　　）ます。
　　　1　寄り　　　　　　2　祈り　　　　　3　落ち　　　　　4　触り

(16)　今日は、会社の近くのホテルに（　　）ます。
　　　1　滑り　　　　　　2　わかれ　　　　3　泊まり　　　　4　踊り

(17)　出張の（　　）をします。
　　　1　準備　　　　　　2　配達　　　　　3　輸出　　　　　4　講義

(18)　お正月は、家で（　　）していました。
　　　1　たっぷり　　　　2　じっくり　　　3　うっかり　　　4　のんびり

(19)　同僚と食事するときは、いつも（　　）にしています。
　　　1　伝票　　　　　　2　おかわり　　　3　両替　　　　　4　割り勘

(20)　A：「部長、まだ来ませんね」
　　　B：「ええ、（　　）忘れているのかもしれません」
　　　1　もしかすると　　　　　　　　　2　もしも
　　　3　きちんと　　　　　　　　　　　4　かならずしも

C　次の文の＿＿＿＿の意味に一番ちかいものを１・２・３・４の中から選んでください。

(21)　自転車を修理しました。
　　　　1　貸しました　　　2　借りました　　　3　壊しました　　　4　直しました

(22)　今日は、冷えますね。
　　　　1　晴れです　　　2　涼しいです　　　3　暑いです　　　4　さむいです

(23)　山田さんによると、課長は、もう帰ったそうです。
　　　　1　とはちがい　　　2　といっしょに　　3　の話では　　　4　がいるので

(24)　ＡもＢも、りょうほういいデザインですね。
　　　　1　めずらしくて　　2　非常に　　　　3　２つとも　　　4　割合に

(25)　新幹線に間に合いました。
　　　　1　をまちがえました　　　　　　　　2　が混んでいました
　　　　3　に乗れました　　　　　　　　　　4　が遅れました

(26)　いそいで来てください。
　　　　1　ゆっくり　　　2　早く　　　　3　そろそろ　　　4　もう

(27)　この仕事、最初は難しいかもしれませんが、だんだん慣れると思います。
　　　　1　少しずつ　　　2　もちろん　　　3　たぶん　　　4　すぐに

(28)　これから私が言うとおりに書いてください。
　　　　1　言うのと同じように　　　　　　2　言ったあとすぐに
　　　　3　言うときだけ　　　　　　　　　4　言わなくても

(29)　ライバル会社に負けるおそれがあります。
　　　　1　負けるかもしれません　　　　　2　負ける一方です
　　　　3　負けるわけがありません　　　　4　負けがちです

(30)　３箱くらいなら、いっぺんに運べそうです。
　　　　1　屋上まで　　　2　一度で　　　3　１人で　　　4　１時間で

―― このページには問題はありません。――

## 2 読解問題

## 問題 1

次のメールを読んで、問題に答えてください。
答えは1・2・3・4の中から一番いいものを1つ選んでください。

---

＜森さんからフエンさんに送ったメール＞

フエンさん、明日のランチ会の場所は、
前と同じ店ですよね。

＜フエンさんから森さんに送ったメール＞

え、今日だと思っていました。
今、その店でコーヒーを飲んでいます。
だれも来ないので変だと思っていたところです。

明日ですよ。
でも、ちょうど近くの図書館にいますから、
わたしもこれから行きましょうか。

ええ、ぜひ。奥のほうの席に座っています。

本を借りてから行くので、20分くらいでそちらにつきます。
ランチセットを注文しておいてもらえますか。
明日のランチ会は、ほかの店にしましょうね。

わかりました。じゃ、またあとで。

---

(31)　フエンさんは、今、何をしていますか。

1　図書館で本を読んでいます。

2　図書館の奥の席に座っています。

3　店でコーヒーを飲んでいます。

4　図書館から店に向かっています。


(32)　メールの内容と合っているのは、どれですか。

1　森さんは、ランチ会が今日だと思っていました。

2　森さんは、これからランチセットを注文します。

3　2人は、今日も会うことにしました。

4　図書館から店まで、30分以上かかります。

# 問題　2

次の文章を読んで、問題に答えてください。
答えは１・２・３・４の中から一番いいものを１つ選んでください。

---

４人に、「今年の夏に行きたいところ」を聞きました。

| Ａさん | Ｂさん |
|---|---|
| 川です。毎年夏には、いろいろな川へ行ってつりをします。新鮮な魚はとてもおいしいですから、妻も楽しみにしています。わたしは泳げないので、つりのときは必ずライフジャケットを着ます。 | 海です。夫と８歳の娘と18歳の息子と行きます。息子は、最近あまり一緒にでかけてくれなくて寂しかったですが、久しぶりに家族全員で出かけるので、とてもうれしいです。 |
| Ｃさん | Ｄさん |
| 京都や奈良の町を歩きながら、古いお寺の写真を撮りたいです。私は散歩が趣味で、どんなに歩いても疲れませんから、いい写真がたくさん撮れると思います。 | どこも行かないで、アルバイトをします。お客さんがプールで危ないことをしないように、チェックする仕事です。仕事のあと、お客さんがいないプールで泳ぐのが楽しいです。 |

---

(33)　泳ぐことができる人は、だれですか。
1　Ａさんです。
2　Ｂさんです。
3　Ｃさんです。
4　Ｄさんです。

(34)　文章の内容と合っているのは、どれですか。
1　Ａさんは、結婚していません。
2　Ｂさんは、友達と海へ行きます。
3　Ｃさんは、散歩が好きです。
4　Ｄさんは、水泳の先生です。

# 問題　3

次のお知らせを読んで問題に答えてください。
答えは1・2・3・4の中から一番いいものを1つ選んでください。

---

## コピー機の利用方法について

うみかぜ寮2階に、コピー機を置くことになりました。

利用するには、コピーカードが必要です。

コピー機の横にある券売機で買ってください。

コピーカードを入れないと、電源が入りませんのでご注意ください。

コピーカードの値段は、1枚 1000円です。

（白黒110枚、カラー40枚コピーできます）

　※おつりは出ません。

　※買ってから1年以上経つと、使えなくなります。

紙がなくなった時やコピー機が壊れた時は、
事務室に知らせてください。

うみかぜ寮事務室

---

(35)　このコピー機を初めて使う人は、このあとまず、何をしますか。

1　事務室に電話します。
2　事務室に紙をもらいに行きます。
3　寮の2階でコピーカードを買います。
4　コピー機の電源を入れます。

(36)　お知らせの内容と合っているのは、どれですか。

1　コピー機が故障した場合は、事務室に行きます。
2　1日に110枚までしかコピーできません。
3　コピー機の使い方が変わりました。
4　紙がなくなったときは、事務室に買いに行きます。

## 問題　4

次の文章を読んで問題に答えてください。
答えは１・２・３・４の中から一番いいものを１つ選んでください。

　会社の机や棚などがきれいだったらはたらきやすいことはわかっていても、いつもきれいにしておくことは、簡単ではありません。忙しくはたらく中で、いらないものはどんどん増えていきます。しかし、少しだけ簡単にものを減らす方法があります。

　その方法とは、まず、ものを「今使うもの」「いつか使うもの」「いつまでたっても使わないもの」の３つに分けます。捨てるか捨てないか、いつ捨てるのか、すぐに決めることができます。

　１つ目の「今使うもの」は、今使っているものだけではなく、今日か明日使うもののことで、これがなければ仕事ができなくなってしまうというものです。パソコンや来週発表するプレゼンの資料などはこれに入り、捨てるものではありません。

　２つ目の「いつか使うもの」は、言葉の通り「いつか」使うものです。ただし、必ず１か月以内、１年以内など置いておく期間を決めて、使ったらすぐに捨てることが大事です。これが３つ目との明らかなちがいとなります。

　３つ目の「いつまでたっても使わないもの」は、今すぐに捨てましょう。「もしかしたらいつか使うかもしれない」という思いからずっとそこにあるものは、捨ててしまっても困らないことのほうが多いです。ただ、会社のものとなると自分だけでは決められないこともありますから、上司や同僚などに（　Ａ　）することも必要かもしれません。

　この方法でいつも必要なものだけを周りに置いておくことができれば、ものを探す時間の無駄が減って仕事がしやすくなります。そんなに難しいことではないので、ぜひ試してみてください。

(37)　（　A　）に入る言葉は、どれですか。

1　相談

2　紹介

3　遠慮

4　放送


(38)　「いつか使うもの」について、文章の内容と合っているのは、どれですか。

1　いつ使うかわからないので、いつも出しておきます。

2　いつ使うかわからないので、捨ててしまいます。

3　いつ使うか上司に聞いてから捨てます。

4　いつまでに使うか決める必要があります。


(39)　文章の内容と合っているのは、どれですか。

1　きれいにものを並べると、仕事がしやすくなります。

2　「いつまでたっても使わないもの」は、捨てる日を決めます。

3　ものを大事にしたほうがいいので、捨てることはなるべくしません。

4　ものを減らすと、使いたいものがすぐに見つかるようになります。

# 問題 5

次のメールを読んで、問題に答えてください。
答えは1・2・3・4の中から一番いいものを1つ選んでください。

＜外出中のパクさんから松永さんへ送ったメール＞

松永さん
お疲れ様です。
来月の展覧会の会場見学が終わりました。
案内にのせる予定だった駐車場ですが、
工事の道具置き場になるので、来月は使えないそうです。
代わりの駐車場を見てから会社に戻ります。

パク

＜松永さんからパクさんへ送ったメール＞

パクさん
お疲れ様です。
連絡ありがとうございます。よろしくお願いします。
近くにあるほかの駐車場は、たぶん小さすぎると思うので、
案内には2つか3つのせることにしましょう。

松永

松永さん
わかりました。
写真を撮っておくので、あとで広さの確認をお願いします。

パク

（40）　パクさんは、このあとまず、何をしますか。
　　　1　会場の写真を撮ります。
　　　2　いくつか駐車場を見に行きます。
　　　3　松永さんを会場まで車で送ります。
　　　4　松永さんに駐車場の写真を見せます。

（41）　メールの内容と合っているのは、どれですか。
　　　1　予定していた駐車場は、今、工事しています。
　　　2　2人は、使う駐車場の数を増やすことにしました。
　　　3　松永さんは、これから駐車場を探しに行きます。
　　　4　松永さんは、パクさんを駐車場まで案内します。

# 問題　6

次のお知らせを読んで問題に答えてください。
答えは1・2・3・4の中から一番いいものを1つ選んでください。

---

## 価格変更のお知らせ

2020年3月1日

いつもスタジオハーモニーをご利用いただきありがとうございます。

**2020年4月1日（水）より**、スタジオ利用料金を変更いたします。

料金の変更にあたり、お得な新メニューや会員様向けサービスも
ご用意いたしました。この機会にぜひご利用ください。

◆　スタジオ利用料金を変更します。

| 変更前 | ⟶ | 変更後 |
|--------|---|--------|
| 600円／1時間 | | 700円／1時間 |

◆　お得な新メニューをご用意しました！

3時間パック　1800円

5時間パック　2700円

※次回から使えるドリンク無料券付き

◆　<u>会員様のみ！お会計から10％割引</u>がスタートします。

イベントの情報やクーポンもメールでお届けしております。

登録料はもちろん無料です。

登録がまだの方は、今すぐこちらから！  https://www.harmoniaXXX.XX

---

（42）　会員登録について、お知らせの内容と合っているのは、どれですか。

1　2020年4月からスタートします。

2　スタジオをやすく利用できるようになります。

3　登録料が100円上がります。

4　お店に行かないと登録できません。

（43）　お知らせの内容と合っているのは、どれですか。

1　3時間パックは、今はまだ選ぶことができません。

2　4月1日から、全員10%割引になります。

3　料金が変わるのは、会員だけです。

4　どのメニューを選んでも、飲み物を無料でもらえます。

# 問題　7

次の文章を読んで、問題に答えてください。
答えは１・２・３・４の中から一番いいものを１つ選んでください。

　　日本では、仕事のあと同じ会社の人とお酒を飲みに行く習慣があります。一緒にはたらく人といい関係を作って、いい仕事をするためです。特に金曜日は次の日がやすみなので、遅い時間まで飲むことも多いです。でも「会社の人と飲みに行っても楽しくない」「仕事のあとは友達や家族と一緒に過ごしたい」と、この習慣に反対する人もいます。(ア) このような人が増えて、会社の飲み会が減った時期もありましたが、最近は、また増えてきているようです。

　　その理由は、仕事の仕方が変わり、(イ) パソコンを使うことが多くなったことです。社員はみんなそれぞれ自分のパソコンで仕事をし、連絡もメールでします。便利になりましたが、社員が直接話さなくなって、いろいろな問題も起きるようになりました。それで、社員のコミュニケーションのために飲み会を行う会社がまた増えているのです。

　　私は、同僚とお酒を飲みながら話をしていると、ひとりでは思いつかなかったアイデアが浮かぶことがあります。自分の時間を大事にしたいという気持ちもありますが、たまには仕事仲間との会話を楽しむのもいいですよ。

---

(44)　下線部（ア）「このような人」は、どのような人ですか。
1　お酒を飲むのが好きな人です。
2　金曜日にお酒を飲む人です。
3　仕事のあとに飲みに行きたくない人です。
4　いい仕事をする人です。

(45)　下線部（イ）「パソコンを使うことが多くなった」とありますが、その結果どうなりましたか。
1　会社の問題が少なくなりました。
2　飲み会が少なくなりました。
3　パソコンに問題が起きるようになりました。
4　社員同士が話さなくなりました。

(46)　私（＝筆者）について、文章の内容と合っているのは、どれですか。
1　飲み会は、自分の時間が無くなるので、無駄だと思っています。
2　飲み会で、仕事のアイデアを出し合うのがいいと思っています。
3　ときどき職場の人と一緒にお酒を飲みます。
4　仕事のあとに飲みに行く習慣に反対しています。

# 3 漢字問題

A 次のひらがなの漢字をそれぞれ１・２・３・４の中から１つ選んでください。

(47) 私のあねは、医者です。
1 姉 　　　　2 妹 　　　　3 兄 　　　　4 弟

(48) ゲームをしすぎて、目がわるくなりました。
1 悪く 　　　2 弱く 　　　3 強く 　　　4 安く

(49) ちゅうしょくは、ラーメンです。
1 朝食 　　　2 夕食 　　　3 昼食 　　　4 夜食

(50) 友達とお金をべつに払います。
1 他 　　　　2 別 　　　　3 門 　　　　4 村

(51) お金をあつめます。
1 青め 　　　2 進め 　　　3 集め 　　　4 休め

(52) 将来は、海外ではたらきたいです。
1 着き 　　　2 働き 　　　3 開き 　　　4 動き

(53) 駅前にぎんこうができました。
1 銀行 　　　2 行銀 　　　3 行旅 　　　4 旅行

(54) くびを痛めました。
1 歯 　　　　2 指 　　　　3 肩 　　　　4 首

(55) 前の商品とのちがいは、何ですか。
1 厚い 　　　2 速い 　　　3 深い 　　　4 違い

(56) 急についかの注文が入りました。
1 追加 　　　2 性質 　　　3 建設 　　　4 貿易

B 次の漢字の読み方を例のようにひらがなで書いてください。

---

・ひらがなは、**ただしく、ていねいに**書いてください。
・**漢字の読み方だけ**書いてください。

（例）　はやく書いてください。　〔 | （例） | か |

---

(57)　赤いコートを買いました。

(58)　３年前からダンスを教えています。

(59)　足が疲れました。

(60)　明日は、12時に出発します。

(61)　今日のよるは、寒いと思います。

(62)　大切なことは、メモしてください。

(63)　ちょっと都合がわるいです。

(64)　この辺りで、一番おいしい店はどこですか。

(65)　この工場には、若者が多いです。

(66)　より良い条件で契約を結びたいです。

# 4 記述問題

A 例のように_____に合う言葉を入れて文をつくってください。

---

・文字は、**ただしく、ていねいに**書いてください。
・漢字で書くときは、<u>今の日本の漢字</u>を**ただしく、ていねいに**書いてください。

（例）　きのう、_____でパンを_____。
　　　　　　　　　　（A）　　　　　　　　　（B）

| （例） | （A） | スーパー | （B） | 買いました |
|---|---|---|---|---|

---

(67)
景色が_____なので、ここで写真を_____ましょう。
　　　　　（A）　　　　　　　　　　　　　　　（B）

(68)
前田：カンさんの隣に_____方は、どなたですか。
　　　　　　　　　　　　（A）
北野：すみません。私も_____ません。
　　　　　　　　　　　　（B）

(69)
A：窓が_____いますね。閉めましょうか。
　　　　　　（A）
B：いえ、暑いので、_____あるんです。
　　　　　　　　　　　　（B）

(70)
A：中国語のスピーチ、誰かにお願いしたいんだけど…。

B：部長、私に_____ください。私、中国語が_____なんです。
　　　　　　　　（A）　　　　　　　　　　　　　　（B）

B　例のように3つの言葉を全部使って、会話や文章に合う文をつくってください。

---

・【　　】の中の文だけ書いてください。
・1.→2.→3.の順に言葉を使ってください。
・言葉の＿＿の部分は、形を変えてもいいです。
・文字は、**ただしく、ていねいに**書いてください。
・漢字で書くときは、**今の日本の漢字**を**ただしく、ていねいに**書いてください。

（例）

きのう、【　1．どこ　　→　2．パン　→　3．買う　】か。

| (例) | どこでパンを買いました |
|------|------------------------|

---

(71)

私は、いつも音楽を【　1．聴く　→　2．ながら　→　3．ジョギングする　】います

(72)

A：もうコンサートまで時間がありませんよ！

B：じゃ、【　1．駅　→　2．会場　→　3．タクシー　】行きましょう。

(73)

私は、来年【　1．海外　→　2．留学する　→　3．こと　】しました。

(74)

この会社では、【　1．立つ　→2．まま　→3．会議　】します。

# J.TEST

# 実用日本語検定

ちょうかいしけん
## 聴 解 試 験

# 1 写真問題 (問題1〜6)

れい ● ② ③ ④　（答えは解答用紙にマークしてください）

A　問題1

- 64 -

**B**　<ruby>問題<rt>もんだい</rt></ruby>2

**C**　<ruby>問題<rt>もんだい</rt></ruby>3

D 　問題4

E 　問題5

F 　問題6

# 2 聴読解問題 (問題7～12)

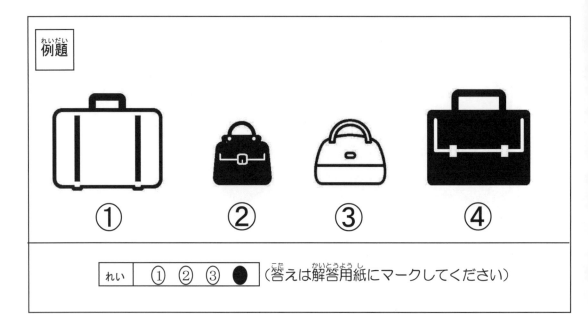

例題

① ② ③ ④

れい | ① ② ③ ● | (答えは解答用紙にマークしてください)

G 問題7

① 月曜日の午前

② 月曜日の午後

③ 火曜日の午前

④ 火曜日の午後

H 　<ruby>問題<rt>もんだい</rt></ruby>8

<ruby>問題<rt>もんだい</rt></ruby>9

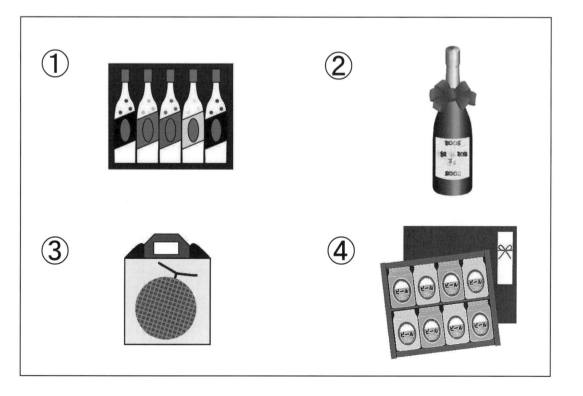

J　問題10

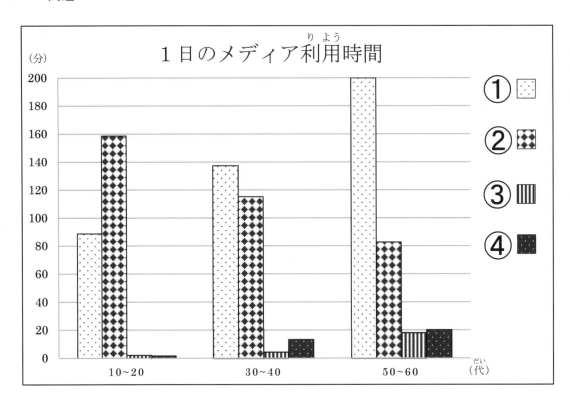

K　問題11

## 「受動喫煙症」のレベル

| | | |
|---|---|---|
| ① | レベル1 | 人のたばこの煙を吸うことがあるが、症状は出ない。 |
| ② | レベル2 | 人のたばこの煙をよく吸っているが、症状は出ない。 |
| ③ | レベル3 | 人のたばこの煙を吸うと症状が出るが、<br>煙の無い環境なら症状は出ない。<br>主な症状：せき、鼻水、頭痛　など |
| ④ | レベル4 | 人のたばこの煙を吸うことを繰り返しているうちに、<br>たばこの煙がなくても症状が続くようになった。<br>主な症状：肌のかゆみ、呼吸が苦しい　など |

# 3 応答問題 (問題13〜28)

(問題だけ聞いて答えてください。)

| 例題1 | → | れい1 | ● | ② | ③ |
|---|---|---|---|---|---|
| 例題2 | → | れい2 | ① | ● | ③ |

(答えは解答用紙にマークしてください)

問題13

問題14

問題15

問題16

問題17

問題18

問題19

問題20

問題21

問題22

問題23

問題24

問題25

問題26

問題27

問題28

メモ (MEMO)

# 4 会話・説明問題（問題29〜38）

| 例題 | 1 耳が痛いですから |
| --- | --- |
| | 2 頭が痛いですから |
| | 3 歯が痛いですから |

| れい |  | （答えは解答用紙にマークしてください） |
| --- | --- | --- |

---

1

問題29　1　本です。
　　　　　2　帽子です。
　　　　　3　かさです。

問題30　1　買った物を預けるためです。
　　　　　2　忘れ物を届けるためです。
　　　　　3　忘れ物を受け取るためです。

2

問題31　1　月曜日です。
　　　　　2　木曜日です。
　　　　　3　金曜日です。

問題32　1　最近、はたらきすぎているからです。
　　　　　2　国へ帰りたいからです。
　　　　　3　友達に会うからです。

問題33　1　ケーキ屋でお菓子を買います。

　　　　2　ケーキ屋でケーキを買います。

　　　　3　コンビニでお菓子を買います。

問題34　1　誕生日会です。

　　　　2　お祝いです。

　　　　3　会議です。

## 4

問題35　1　家族とよく話をすることです。

　　　　2　家族との話を記録することです。

　　　　3　犯人の声を覚えておくことです。

問題36　1　男の人は、「振り込め詐欺」を知りませんでした。

　　　　2　男の人のおばあさんは、いつも留守番電話にしています。

　　　　3　祖父母からお金をもらう孫が増えています。

問題37　1　すぐに飽きてしまうからです。

　　　　2　たくさんの職場を経験したいからです。

　　　　3　どの仕事も面白くないからです。

問題38　1　人の前で話すことが好きです。

　　　　2　仕事をしたくないと思っています。

　　　　3　新しい会社に入ることが楽しみです。

おわり

# 実用日本語検定

## TEST OF PRACTICAL JAPANESE

# J.TEST

| 受験番号 | | 氏　名 | |
|---|---|---|---|

## 注　意

試験が始まるまで、この問題用紙を開けないでください。

日本語検定協会／J.TEST事務局

# J.TEST

# 実用日本語検定

| 読　解　試　験 |

1　文法・語彙問題　　　　　　問題　　（1）～（30）

2　読解問題　　　　　　　　　問題　　（31）～（46）

3　漢字問題　　　　　　　　　問題　　（47）～（66）

4　記述問題　　　　　　　　　問題　　（67）～（74）

# 1 文法・語彙問題

A 次の文の（　　）に1・2・3・4の中から一番いい言葉を入れてください。

（1）　今までに一度も海外旅行を（　　）ことがありません。
　　　　1　する　　　　　2　しよう　　　　3　して　　　　　4　した

（2）　（　　）すぎて疲れました。
　　　　1　はたらく　　　2　はたらき　　　3　はたらいて　　4　はたら

（3）　このソフトを（　　）みてもいいですか。
　　　　1　使う　　　　　2　使って　　　　3　使い　　　　　4　使った

（4）　今日は、とても春（　　）天気ですね。
　　　　1　みたい　　　　2　ような　　　　3　そうな　　　　4　らしい

（5）　漢字を覚える（　　）難しいです。
　　　　1　のを　　　　　2　のは　　　　　3　のに　　　　　4　のと

（6）　課長、私が荷物をお持ち（　　）。
　　　　1　になります　　2　なさいます　　3　します　　　　4　されます

（7）　三田：「あそこにいるの、サイさんじゃない？」
　　　　小野：「サイさんは今出張中だから、こんなところに（　　）よ」
　　　　1　いるはずだ　　　　　　　　　　2　いるはずない
　　　　3　いないはずない　　　　　　　　4　いたはずだ

（8）　出発まで30分もあるから、あわてる（　　）よ。
　　　　1　おそれがある　2　かのようだ　　3　ことになる　　4　ことはない

（9）　この会社に入れたのは、松尾さんの（　　）です。
　　　　1　おかげ　　　　2　一方　　　　　3　せい　　　　　4　ついで

（10）　彼は、足をけがしていましたが、マラソンを（　　）きりました。
　　　　1　走った　　　　2　走る　　　　　3　走り　　　　　4　走れ

3 次の文の（　　　）に1・2・3・4の中から一番いい言葉を入れてください。

(11) 私は、くやくしょに勤める（　　　）です。
　　　1　アナウンサー　2　運転手　　　　　3　エンジニア　4　公務員

(12) （　　　）を見れば、電車の時間がわかりますよ。
　　　1　時刻表　　　2　辞典　　　3　品物　　　4　小説

(13) 地震で木が（　　　）ました。
　　　1　騒ぎ　　　2　焼け　　　3　別れ　　　4　倒れ

(14) すみません、お皿が汚れているので（　　　）ください。
　　　1　建て直して　2　取り替えて　3　乗り換えて　4　気に入って

(15) A：「この仕事、明日までに終わるよね？」
　　　B：「いやいや、それは、（　　　）だよ」
　　　1　美しい　　　2　安全　　　3　無駄　　　4　無理

(16) 6時を過ぎたので、（　　　）帰る準備をします。
　　　1　べつべつ　　2　そろそろ　　3　はっきり　　4　すっかり

(17) 運動しておなかが（　　　）ました。
　　　1　減り　　　2　落ち　　　3　下がり　　　4　引き

(18) プレゼントにするので、きれいな紙で（　　　）いただけますか。
　　　1　しばって　　2　はめて　　3　ほどいて　　4　つつんで

(19) （　　　）がつくカードに入会しました。
　　　1　レジ　　　2　カウント　　　3　ポイント　　　4　レシート

(20) A：「来週の飲み会、来られそう？」
　　　B：「ちょっとだけ（　　　）つもりだよ」
　　　1　頭に来る　　2　口に合う　　　3　かおを出す　　4　目に浮かぶ

C 次の文の＿＿＿の意味に一番ちかいものを１・２・３・４の中から選んでください。

(21) 私は、おどるのが得意です。

　　　1　ダンス　　　　　2　カラオケ　　　　3　デザイン　　　　4　スピーチ

(22) この料理は、ほとんど味がしないです。

　　　1　とてもめずらしい　　　　　　　2　とても味がうすい

　　　3　すごくまずい　　　　　　　　　4　とてもおいしい

(23) 学生は、みんな熱心に勉強しています。

　　　1　一生懸命　　　2　丁寧に　　　3　仲良く　　　4　教室で

(24) 兄は、お酒を飲んでばかりいます。

　　　1　飲ませて　　　　　　　　　　2　少しだけ飲んで

　　　3　ときどき飲んで　　　　　　　　4　よく飲んで

(25) お風呂に入ってもかまいませんか。

　　　1　入ってはいけません　　　　　　2　入らなければなりません

　　　3　入ったほうがいいです　　　　　4　入ってもいいです

(26) 先週の金曜日は、都合がわるかったので、パーティに行きませんでした。

　　　1　病気だった　　　　　　　　　　2　雨だった

　　　3　用事があった　　　　　　　　　4　嫌いな人がいた

(27) お客さんが集まりだしたね。

　　　1　集まり始めた　　　　　　　　　2　なかなか集まらない

　　　3　みんな集まった　　　　　　　　4　集まるらしい

(28) あの子は、とてもおとなしいですね。

　　　1　静か　　　　　2　うるさい　　　3　元気　　　4　かしこい

(29) 彼は、ぐっすりねています。

　　　1　立ったまま　　　2　床で　　　3　おとを立てて　　　4　とてもよく

(30) 予約をキャンセルします。

　　　1　取ります　　　2　取り消します　　3　確かめます　　4　変えます

## 2 読解問題

## 問題 1

次のお知らせを読んで問題に答えてください。
答えは1・2・3・4の中から一番いいものを1つ選んでください。

---

### 社員旅行について

今年は沖縄へ行きます！　みなさん、ぜひ参加してください。

**日時**：2020年7月23日（木）〜 7月25日（土）
**場所**：沖縄ホリデイホテル

ゴルフやバーベキュー、釣りなどをたのしむ予定です。
**交通**：成田空港から飛行機で那覇空港へ。

那覇空港からは、バスでホテルに行きます。

＊参加される方は、5月29日（金）までにメールで多田までご連絡ください。

詳しい予定をお送りします。

総務部　多田

---

(31)　社員旅行に参加したい人は、どうすればいいですか。
　　1　何もしなくていいです。
　　2　沖縄ホリデイホテルに連絡します。
　　3　5月29日までに多田さんにメールします。
　　4　多田さんに詳しい予定を送ります。

(32)　お知らせの内容と合っているのは、どれですか。
　　1　社員旅行は、2日間の予定です。
　　2　ホテルからゴルフ場までバスで行きます。
　　3　泊まるところは、もう決まっています。
　　4　最初の日は、海に行くことが決まっています。

## 問題　2

次のメールを読んで、問題に答えてください。
答えは1・2・3・4の中から一番いいものを1つ選んでください。

---

<小田さんが書いたメール>

ケンさん、明日みどり公園に行きませんか。
マリアさんも一緒です。

<ケンさんが書いたメール>

いいですね。行きたいです。何するんですか。

マリアさんは自転車に乗れないので、
その練習です。

なるほど。実は私も乗れないんです。
一緒に練習してもいいですか。

そうなんですか。
じゃ、一緒にしましょう！
でも私の自転車しかないので、
自転車が足りないです…。

じゃ、私は中山さんに借りて行きます。

---

(33) 自転車に乗れないのは、だれですか。

　　1　マリアさんだけです。

　　2　マリアさんとケンさんです。

　　3　小田さんとケンさんです。

　　4　マリアさんと中山さんです。


(34) メールの内容と合っているのは、どれですか。

　　1　中山さんは、明日、みどり公園に行きます。

　　2　小田さんは、中山さんに自転車を借ります。

　　3　マリアさんは、小田さんに自転車を貸します。

　　4　ケンさんは、自転車を持っていません。

# 問題　3

次の文章を読んで、問題に答えてください。
答えは１・２・３・４の中から一番いいものを１つ選んでください。

---

４人に「休みの日は何をするか」聞きました。

| Aさん | Bさん |
|---|---|
| いつもゆっくりしています。11時ごろ起きて、夫が作ってくれた朝ごはんを食べます。2人でそうじと洗濯をして、午後は、スーパーへ買い物に行きます。 | 朝5時に起きて、ちかくの山に1人で登ります。とても疲れますが、気持ちがいいです。体にもいいと思います。家に帰ってから、朝ごはんを食べます。 |
| Cさん | Dさん |
| 私は、だれにも会いません。朝6時に起きて、勉強をします。朝ごはんを食べてそうじをしたら、また昼まで勉強します。午後は少しゆっくりしてから本を読んだり映画を見たりします。 | 7時に起きて、ちかくの公園へ野球の練習に行きます。12時まで練習して、昼は友だちと弁当を食べます。午後も少し練習して、暗くなる前に帰って、シャワーを浴びます。 |

(35)　一番早く起きるのは、だれですか。
　　　1　Aさんです。
　　　2　Bさんです。
　　　3　Cさんです。
　　　4　Dさんです。


(36)　休みの日に1人でいるのは、だれですか。
　　　1　Aさんです。
　　　2　BさんとCさんです。
　　　3　CさんとDさんです。
　　　4　Dさんです。


(37)　文章の内容と合っているのは、どれですか。
　　　1　Aさんは、午後までねています。
　　　2　Bさんは、起きてすぐ朝ごはんを食べます。
　　　3　Cさんは、勉強しかしません。
　　　4　Dさんは、スポーツをします。

# 問題　4

次のメールを読んで、問題に答えてください。
答えは１・２・３・４の中から一番いいものを１つ選んでください。

＜ジョンさんから岡本さんへ送ったメール＞

岡本さん

お疲れ様です。

新商品についての会議を来週中に行おうと思っています。

予定を作りますので、岡本さんが参加できる日を

おしえてもらえますか。

時間は、13 時 30 分から 15 時の予定です。

ジョン

＜岡本さんからジョンさんへ送ったメール＞

ジョンさん

お疲れ様です。

来週でしたら、火曜日と木曜日なら大丈夫です。

水曜日も参加できますが、13 時まで他の予定が入っていますの

で、少し遅れます。

よろしくお願いします。

岡本

岡本さん

わかりました。

他の方の予定を聞いてから、またご連絡します。

ジョン

(38) 岡本さんについて、メールの内容と合っているのは、どれですか。

　　1　来週は、火曜日と木曜日しか会議に参加できません。

　　2　来週の水曜日は、途中から会議に参加できます。

　　3　他の人の予定を聞いて、会議の日を考えています。

　　4　予定が決まったら、ジョンさんにまた連絡するつもりです。


(39) 会議は、いつ行われることになりましたか。

　　1　来週の火曜日、13時30分から15時までです。

　　2　来週の水曜日、14時から15時30分までです。

　　3　来週の木曜日、13時30分から15時までです。

　　4　まだ決まっていません。

## 問題　5

次の文章を読んで問題に答えてください。
答えは１・２・３・４の中から一番いいものを１つ選んでください。

---

　子どもにただ「本を読みなさい」と言っても、なかなか本を読む習慣はつきにくいです。
そこで、「読書ノート」というものをおすすめします。その理由は、4つあります。1つ目
は、自分がどんな本を読んで、どんなことを思ったか書いておくことができるので、あとで
見ると本の内容だけではなく、読んだときの自分の気持ちや考えも思い出すことができる
ことです。2つ目は、読んだ本の数がノートを見てわかるので、もっと読みたいという気持
ちが出てきて、自分から本を読むようになることです。3つ目は、自分で文を考えて何度も
ノートに書くので、文章を書くのが上手になることです。4つ目は、あとでノートに本の
内容や感想を書くことを考えて読むので、ただ読むだけではなく、本の内容を正確に理解で
きるようになることです。
　（　Ａ　）「読書ノート」は、子どもの読書の習慣をつけるのに役立つだけではなく、気
持ちを言葉にして書く練習にもなります。ぜひ使ってみてはいかがでしょうか。

---

(40)　（　Ａ　）に入る言葉は、どれですか。
　　1　しかし
　　2　このように
　　3　もし
　　4　たとえば

(41)　「読書ノート」について、文章の内容と合っているのは、どれですか。
　　1　今日あったことを覚えておくために書きます。
　　2　きれいな文を書くために使います。
　　3　読んだ本や自分の感想を思い出すのに役に立ちます。
　　4　欲しい本を書いておくことができます。

(42)　文章の内容と合っているのは、どれですか。
　　1　読書の習慣がつくと、文を書くことが好きになります。
　　2　子どもは、読んだ本の数が増えていくのがわかると、もっと読みたくなります。
　　3　子どもに「本を読みなさい」と言い続けることが大切です。
　　4　本を正確に理解できないときは、大人が助けてあげなければなりません。

# 問題　6

次のメールを読んで問題に答えてください。
答えは１・２・３・４の中から一番いいものを１つ選んでください。

---

2020/5/30　10:21

件名：「大型スクリーンX」について

株式会社ミライ電気　森　様

いつもお世話になっております。株式会社やまとの橋本です。

5月16日に注文いたしました「大型スクリーンX」が10個本日届きました。
しかし、部品が取れているものが１つありました。

こちらのスクリーンは宅配でお返ししますので、そちらで確認していただき、
代わりのものを送っていただきますようお願いいたします。

ご連絡をお待ちしております。

---

(43)　橋本さんは、このあとまず何をしますか。
　　　1　届いたスクリーンを確認します。
　　　2　森さんに部品をもらいます。
　　　3　森さんに連絡します。
　　　4　ミライ電気にスクリーンを送ります。

(44)　橋本さんについて、メールの内容と合っているのは、どれですか。
　　　1　注文したスクリーンの数を間違えました。
　　　2　スクリーンをもう１つ配達してもらいたいです。
　　　3　スクリーンを返すので、お金を返してほしいです。
　　　4　届いたスクリーンが壊れていたので、交換したいです。

## ★問題　7

次のメールを読んで問題に答えなさい。
答えは1・2・3・4の中から最も適当なものを1つ選びなさい。

---

2018/9/13（木）11:26

件名：チケットがご用意できました

いつもありがとうございます。
貴方は、10月14日（日）開催の「2018年秋　吉本かおり　コンサート」（会場：横浜ベイサイト）先行予約抽選に見事、当選いたしました。つきましては、以下の方法でチケットを引き換えてくださいますよう、お願いいたします。なお、料金はすでにクレジットカードより払われております。


引き換えるところ
　全国にあるコンビニ・サンマート各店
引き換える方法
　携帯でこのメールの画面を店員に見せるか、以下の番号を店員に伝えてください。
　　当選者番号　２６４６　３５１８　９７
引き換えられる期間
　このメールの到着時より、10月13日23時59分まで


東京 中央音楽プロモーション
東京都渋谷区神南x-xx-xx

---

(45)　このメールをもらってチケットを引き換えたい人は、どうしますか。
　　1　コンビニ・サンマートの店へ行く。
　　2　横浜ベイサイトへ行って買う。
　　3　パソコンやスマートフォンを操作して買う。
　　4　東京 中央音楽プロモーションの事務所へ行く。


(46)　メールの内容と合っているのはどれですか。
　　1　番号は、声を出して読んで店員に伝えなければならない。
　　2　チケットの代金は、もう払ってある。
　　3　コンサートの当日もチケットを引き換えることができる。
　　4　同じ日に申し込んだ人は、全員、チケットが手に入る。

# 3 漢字問題

A 次のひらがなの漢字をそれぞれ1・2・3・4の中から1つ選んでください。

(47) この柱は、とてもふといですね。
1 太い　　　　2 長い　　　　3 短い　　　　4 軽い

(48) もう少し大きなこえでお願いします。
1 楽　　　　2 色　　　　3 声　　　　4 音

(49) 2年前から東京にすんでいます。
1 進んで　　　　2 住んで　　　　3 特んで　　　　4 産んで

(50) 事故で電車がうごいていません。
1 歩いて　　　　2 教えて　　　　3 働いて　　　　4 動いて

(51) 1つ目のかどを右にまがってください。
1 点　　　　2 角　　　　3 夕　　　　4 横

(52) ここは、日本のだいどころと言われています。
1 所近　　　　2 所台　　　　3 近所　　　　4 台所

(53) ひろい庭がある家がほしいです。
1 悪い　　　　2 重い　　　　3 強い　　　　4 広い

(54) 私の町は、とても自然がゆたかなところです。
1 富かな　　　　2 豊かな　　　　3 適かな　　　　4 暖かな

(55) この問題は、ふくざつです。
1 複雑　　　　2 平和　　　　3 簡単　　　　4 満足

(56) 大事な仕事をまかせられました。
1 貧せ　　　　2 負せ　　　　3 任せ　　　　4 曲せ

B　次の漢字の読み方を例のようにひらがなで書いてください。

・ひらがなは、**ただしく、ていねいに**書いてください。
・漢字の読み方だけ書いてください。

（例）　はやく書いてください。　　[ （例） | か

(57)　正しい漢字を書いてください。

(58)　木の下で寝ています。

(59)　その歌を知っていますか。

(60)　顔を洗ってきます。

(61)　急に暑くなりましたね。

(62)　ちょっと待ってください。

(63)　地図を見て行きます。

(64)　線路の工事をしています。

(65)　お寺へ行きました。

(66)　昨日の失敗をとても反省しています。

## 4 記述問題

A 例のように＿＿＿＿に合う言葉を入れて文をつくってください。

---

・文字は、**ただしく、ていねいに**書いてください。
・漢字で書くときは、**今の日本の漢字をただしく、ていねいに**書いてください。

（例）　きのう、＿＿＿＿＿＿＿でパンを＿＿＿＿＿＿＿。
　　　　　　　　　　（A）　　　　　　　　　　（B）

| （例） | （A） | スーパー | （B） | 買いました |
|---|---|---|---|---|

---

(67)
仕事を＿＿＿＿＿＿前に、コーヒーを＿＿＿＿＿＿ませんか。
　　　　　　（A）　　　　　　　　　　　　　（B）

(68)
もう家に食べ物が＿＿＿＿＿＿から、コンビニへ＿＿＿＿＿＿行きます。
　　　　　　　　　　（A）　　　　　　　　　　　　（B）

(69)
A：＿＿＿＿＿＿ところにすみたいですか。
　　　　（A）

B：駅からそんなに＿＿＿＿＿＿ところがいいです。
　　　　　　　　　　（B）

(70)　（会社で）
A：あれ？　このパソコン、＿＿＿＿＿＿ませんよ。
　　　　　　　　　　　　　　（A）

B：もう古いですから、＿＿＿＿＿＿かもしれませんね。
　　　　　　　　　　　　（B）

- 93 -

B　例のように３つの言葉を全部使って、会話や文章に合う文をつくってください。

・【　　】の中の文だけ書いてください。
・1.→2.→3.の順に言葉を使ってください。
・言葉の＿＿の部分は、形を変えてもいいです。
・文字は、ただしく、ていねいに書いてください。
・漢字で書くときは、今の日本の漢字をただしく、ていねいに書いてください。

(例)

きのう、【　1．どこ　→　2．パン　→　3．買う　】か。

| (例) | どこでパンを買いました |
|---|---|

(71)

A：ビールと【　1．ワイン　→　2．どちら　→　3．ほう　】好きですか。

B：ビールです。

(72)

今日は、【　1．新しい　→　2．ズボン　→　3．はく　】、出かけます。

(73)　（電話で）

A：すみませんが、今日も休ませていただきます。

B：ええ、わかりました。【　1．早く　→　2．かぜ　→　3．治る　】いいですね。

(74)

今、【　1．私　→　2．一番　→　3．欲しい　】は、車です。

# J.TEST

# 実用日本語検定

## 聴解試験
（ちょうかいしけん）

# 1 写真問題（問題1～6）

例題

| れい | ● ② ③ ④ | （答えは解答用紙にマークしてください） |

A　問題1

- 96 -

B 問題2

C 問題3

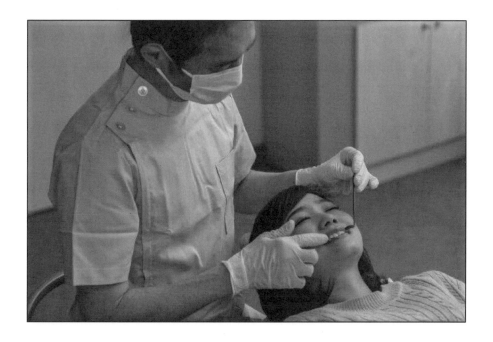

D 　問題4

E 　問題5

F 問題6

# 2 聴読解問題（問題7〜12）

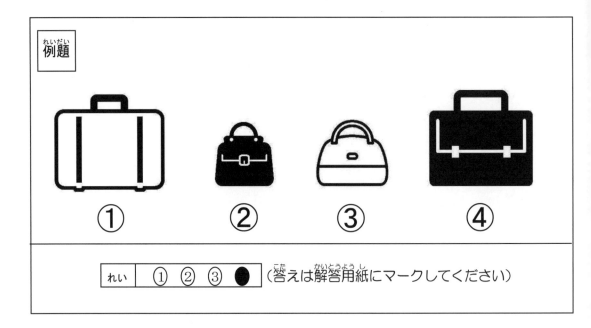

例題

① ② ③ ④

れい　① ② ③ ●　（答えは解答用紙にマークしてください）

## G　問題7

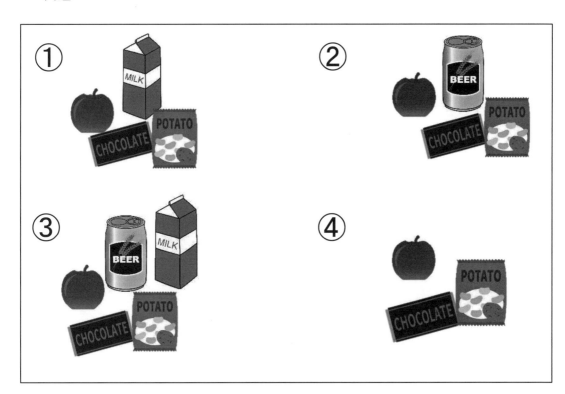

① 
9:00 会議（かいぎ）
12:00 佐藤（さとう）さん
14:00 出張（しゅっちょう）

② 
9:00 会議
12:00 山田（やまだ）さん
17:00 飛行機（ひこうき）

③ 
9:00 会議
12:00 面接（めんせつ）

④ 
9:00 佐藤さん
12:00 会議
15:00 面接

J　<ruby>問題<rt>もんだい</rt></ruby>10

① ピザ

② すしとピザ

③ サンドイッチ

④ サンドイッチとおにぎり

K　<ruby>問題<rt>もんだい</rt></ruby>11

天　気　<ruby>予<rt>よ</rt></ruby>　<ruby>報<rt>ほう</rt></ruby>

| | 9　　　　　12 | 12　　　　18 | 18　　　　21 (時) |
|---|---|---|---|
| ① | −2℃ | 0℃ | −3℃ |
| ② | 10℃ | 8℃ | 6℃ |
| ③ | 2℃ | −2℃ | −3℃ |
| ④ | 10℃ | 2℃ | 2℃ |

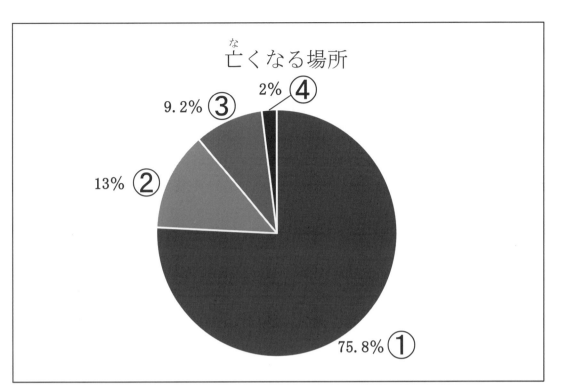

亡くなる場所

# 3 応答問題 (問題13～28)

(問題だけ聞いて答えてください。)

| 例題1 | → | れい1 | ● ② ③ |
|---|---|---|---|
| 例題2 | → | れい2 | ① ● ③ |

(答えは解答用紙にマークしてください)

問題13

問題14

問題15

問題16

問題17

問題18

問題19

問題20

問題21

問題22

問題23

問題24

問題25

問題26

問題27

問題28

メモ (MEMO)

# 4 会話・説明問題 (問題29〜38)

<table>
<tr><td>例題</td><td>
1 耳が痛いですから<br>
2 頭が痛いですから<br>
3 歯が痛いですから
</td></tr>
</table>

| れい | ① ● ③ | （答えは解答用紙にマークしてください） |

---

**1**

問題29　1　会社です。
　　　　2　公園です。
　　　　3　図書館です。

問題30　1　公園へ行きます。
　　　　2　図書館に電話します。
　　　　3　両親に用事を頼みます。

**2**

問題31　1　会社を出ます。
　　　　2　机の上に本を置いておきます。
　　　　3　部屋を片付けます。

問題32　1　昔から片付けが得意でした。
　　　　2　男の人の先輩です。
　　　　3　さいきん気持ちが暗いです。

3

問題33　1　20歳です。
　　　　2　23歳です。
　　　　3　26歳です。

問題34　1　外国で、はたらいたほうがいいです。
　　　　2　経営の勉強をしたほうがいいです。
　　　　3　いろいろな経験をしたほうがいいです。

4

問題35　1　チェックインカウンターへ行きます。
　　　　2　セキュリティーチェックを通過します。
　　　　3　自動チェックイン機を利用します。

問題36　1　2人は、飛行機に間に合いませんでした。
　　　　2　女の人は、チケットを持って来ました。
　　　　3　男の人は、ウェブチェックインの仕方を知っていました。

5

問題37　1　グループチャットを使ったことがありません。
　　　　2　グループチャットでは、慎重に言葉を選ばなければならないと
　　　　　　思っています。
　　　　3　自分の子どもには、スマートフォンを持たせていません。

問題38　1　子どもにとっては、返信の速さが最も大切です。
　　　　2　子どもは「2秒ルール」を知らないので、大人がおしえなければ
　　　　　　なりません。
　　　　3　子どもは、大人の会話のスピードに追い付けません。

おわり

# 実用日本語検定

## TEST OF PRACTICAL JAPANESE

# J.TEST

| 受験番号 | | 氏　名 | |
|---|---|---|---|

## 注　意

試験が始まるまで、この問題用紙を開けないでください。

日本語検定協会／J.TEST事務局

# J.TEST

# 実用日本語検定

## 読解試験
（どっかいしけん）

<table>
<tr><td>1</td><td>文法・語彙問題<br>（ぶんぽう ご い もんだい）</td><td>問題</td><td>（1）〜（30）</td></tr>
<tr><td>2</td><td>読解問題<br>（どっかいもんだい）</td><td>問題</td><td>（31）〜（46）</td></tr>
<tr><td>3</td><td>漢字問題<br>（かん じ もんだい）</td><td>問題</td><td>（47）〜（66）</td></tr>
<tr><td>4</td><td>記述問題<br>（き じゅつもんだい）</td><td>問題</td><td>（67）〜（74）</td></tr>
</table>

# 1 文法・語彙問題

A 次の文の（　　　）に1・2・3・4の中から一番いい言葉を入れてください。

（1）　私は、英語（　　　）中国語も話せます。

　　　　1　は　　　　　　2　の　　　　　　3　も　　　　　　4　を

（2）　あそこのカフェで、ケーキ（　　　）食べませんか。

　　　　1　しか　　　　　2　ばかり　　　　3　でも　　　　　4　には

（3）　（　　　）としたとき、電話がなりました。

　　　　1　帰る　　　　　2　帰った　　　　3　帰ろう　　　　4　帰らない

（4）　このいすは、丈夫なので（　　　）にくいです。

　　　　1　壊　　　　　　2　壊れ　　　　　3　壊れて　　　　4　壊れる

（5）　パソコンのことは、（　　　）リンさんに聞いてください。

　　　　1　何か　　　　　2　何を　　　　　3　何も　　　　　4　何でも

（6）　伊藤さんは、（　　　）し、仕事にも一生懸命です。

　　　　1　親切だ　　　　2　親切な　　　　3　親切で　　　　4　親切

（7）　床屋で髪を（　　　）しました。

　　　　1　みじかく　　　2　みじかい　　　3　みじか　　　　4　みじかいに

（8）　（　　　）際は、お足元にお気をつけください。

　　　　1　降りるの　　　2　お降りの　　　3　降りの　　　　4　降りたの

（9）　こちらの製品は、（　　　）、他の製品に負けません。

　　　　1　安全性に比べ　　　　　　　　　2　安全性においては
　　　　3　安全性に対しては　　　　　　　4　安全性によっては

（10）　雪が降っているので、（　　　）家で映画を見ます。

　　　　1　出かけるかのように　　　　　　2　出かけるからといって
　　　　3　出かけるにつれて　　　　　　　4　出かけるかわりに

3 次の文の（　　　）に1・2・3・4の中から一番いい言葉を入れてください。

(11) 窓に新しい（　　　）をかけます。
　　　1　ボタン　　　　　2　カーテン　　　　3　スイッチ　　　4　ガム

(12) ジョギングを始めたら、（　　　）が減りました。
　　　1　空気　　　　　　2　体重　　　　　　3　うで　　　　　4　のど

(13) 野球の試合に（　　　）ました。
　　　1　起き　　　　　　2　競争し　　　　　3　投げ　　　　　4　勝ち

(14) ここにかばんを置いたら（　　　）ですよ。
　　　1　大事　　　　　　2　無駄　　　　　　3　じゃま　　　　4　複雑

(15) この車は、ドイツ（　　　）です。
　　　1　間　　　　　　　2　製　　　　　　　3　号　　　　　　4　品

(16) 松本さんは、いつも（　　　）机の上を片づけています。
　　　1　きちんと　　　　2　なかなか　　　　3　そのまま　　　4　そろそろ

(17) 雨の日に階段で（　　　）、けがをしました。
　　　1　滑って　　　　　2　おって　　　　　3　守って　　　　4　揺れて

(18) 新聞やテレビで、環境問題が（　　　）います。
　　　1　持ち上げられて　　　　　　　　2　取り出されて
　　　3　取り上げられて　　　　　　　　4　生み出されて

(19) 近くで（　　　）事件が起きました。
　　　1　恐ろしい　　　　2　かゆい　　　　　3　貧しい　　　　4　詳しい

(20) A：「なんか、変なにおいしない？」
　　　B：「え？　…あー！　魚、（　　　）」
　　　1　かけちゃった　　　　　　　　　2　冷めちゃった
　　　3　こげちゃった　　　　　　　　　4　むいちゃった

C 次の文の＿＿＿の意味に一番ちかいものを１・２・３・４の中から選んでください。

(21) そふと国へ帰ります。
　　　1　お父さん　　　　2　お母さん　　　　3　おばあさん　　　4　おじいさん

(22) 道がすいています。
　　　1　道が汚いです　　　　　　　　　　2　車が多いです
　　　3　道が細いです　　　　　　　　　　4　車が少ないです

(23) 私は、独身です。
　　　1　入院しています　　　　　　　　　2　結婚していません
　　　3　退院しました　　　　　　　　　　4　結婚しています

(24) この店のラーメンは、本当にうまいなあ。
　　　1　苦手だ　　　　2　高い　　　　3　有名だ　　　　4　おいしい

(25) エスカレーターを修理します。
　　　1　使います　　　2　掃除します　　　3　止めます　　　4　直します

(26) こちらをはいけんしてもよろしいですか。
　　　1　食べて　　　　2　かりて　　　　3　見て　　　　4　聞いて

(27) 私は、すいえいが好きです。
　　　1　本を読むの　　　2　泳ぐの　　　3　走るの　　　4　うたうの

(28) 仕事が楽しくてしょうがないです。
　　　1　がとても楽しいです　　　　　　2　で楽しいことがありません
　　　3　が楽しいわけじゃありません　　4　を楽しくしないといけません

(29) 午後には雨があがるでしょう。
　　　1　降る　　　　2　ひどくなる　　　3　弱くなる　　　4　やむ

(30) 失敗しようがありません。
　　　1　するかもしれません　　　　　　2　するわけがありません
　　　3　しないとは言えません　　　　　4　しないでほしいです

# 2 読解問題

## 問題 1

次の文章を読んで、問題に答えてください。
答えは1・2・3・4の中から一番いいものを1つ選んでください。

---

私は先週、東京へ行きました。東京は、とてもにぎやかでした。電車には、たくさんの人がのっていて、本当に驚きました。東京にいる国の先輩に大きな電気屋へ連れて行ってもらって、カメラを買いました。色々なものがあって、とても楽しかったです。でも、私が東京へ行った理由は、これではありません。入りたい会社の試験があったからです。試験は、時間がながくて大変でしたが、よくできたと思います。

---

(31) 私（＝筆者）は、どうして東京へ行きましたか。
1 会社の試験があったからです。
2 国の先輩に会いたかったからです。
3 電車の写真を撮りたかったからです。
4 いいカメラが買えるからです。

(32) 私（＝筆者）について、文章の内容と合っているのは、どれですか。
1 先輩と一緒に東京へ行きました。
2 試験が難しかったので、会社に入れないと思っています。
3 東京は、人が多くて、びっくりしました。
4 東京に家族が住んでいます。

# 問題　2

次のメールを読んで、問題に答えてください。
答えは1・2・3・4の中から一番いいものを1つ選んでください。

＜吉田さんが書いたメール＞

台風が近づいているらしいので、
明日、遊びに行くのをやめませんか。

＜リンさんが書いたメール＞

そうですね。
電車が止まって、帰れなくなったら困りますね。

ええ。なので、よかったら明日一緒にうちでご飯を作って食べませんか。
もしあさっても暇だったら、うちに泊まればいいですよ！

いいんですか。ありがとうございます！
台風のときに1人でうちにいるの、怖かったんです。

じゃ、ちょうどいいですね！
明日の午前中、台風が来るまえにうちへ来てくださいね。
待っています。

(33) 吉田さんは、明日何をしますか。

1 リンさんのうちに泊まります。

2 リンさんと料理をします。

3 リンさんと一緒に出かけます。

4 1人でうちにいます。


(34) メールの内容と合っているのは、どれですか。

1 リンさんは、台風が近づいていることを知りませんでした。

2 リンさんは、明日の昼までに吉田さんのうちに行きます。

3 今日は、台風でうちから出られません。

4 台風で電車が止まってしまいました。

## 問題　3

次の文章を読んで、問題に答えてください。
答えは１・２・３・４の中から一番いいものを１つ選んでください。

---

4人に「忘れもの」について聞きました。

| Aさん | Bさん |
|---|---|
| 私は、よく忘れものをします。財布やスマートフォンを忘れることが多いです。仕事でも、お客さんに会うとき、名刺を持って行くのを忘れたことがあります。 | 私は、最近忘れものをしなくなりました。1人で生活を始めて、自分のことを自分でやるようになりました。誰にもたすけてもらえませんから、しっかりしてきたと思います。 |
| Cさん | Dさん |
| 私は、忘れものをしません。いつも忘れものがないかどうか、確認してから出かけます。子どものときによく母に言われていたので、習慣になりました。 | 私は、よく財布を忘れます。買いもののとき、レジで財布がないことに気がつきます。でもスマートフォンなら忘れないので、最近はそれでお金を払うようにしています。 |

---

(35)　いつも忘れものに気をつけているのは、だれですか。

　　　1　Aさんです。

　　　2　Bさんです。

　　　3　Cさんです。

　　　4　Dさんです。


(36)　よく忘れものをするのは、だれですか。

　　　1　AさんとBさんです。

　　　2　AさんとDさんです。

　　　3　BさんとCさんです。

　　　4　CさんとDさんです。


(37)　文章の内容と合っているのは、どれですか。

　　　1　Aさんは、名刺をなくしました。

　　　2　Bさんは、1人で住んでいます。

　　　3　Cさんは、お母さんが忘れものを届けてくれます。

　　　4　Dさんは、レジでお金を払うのを忘れます。

# 問題　4

次のメールを読んで、問題に答えてください。
答えは１・２・３・４の中から一番いいものを１つ選んでください。

―――――――――――――――――――――――――

＜ダンさんから松田さんへ送ったメール＞

> 松田さん
> お疲れ様です。
> 今、電気屋に来たんですが、松田さんの言っていた商品は
> うりきれてしまって、もうありませんでした。
> どうしますか。似ている他の商品を買いますか。
> ダン

＜松田さんからダンさんへ送ったメール＞

> ダンさん
> 確認してくれてありがとうございました。
> べつのものでは、会社のパソコンに合わないんです。
> すみませんが、他の店を見てきていただけませんか。
> 松田

> 松田さん
> わかりました。
> じゃ、帰りが少し遅くなるので、１つお願いがあります。
> 浅野さんから私に荷物が届くと思うので、受け取っておいてください。
> よろしくお願いします。
> ダン

―――――――――――――――――――――――――

（38）　松田さんについて、メールの内容と合っているのは、どれですか。

1　ダンさんに買いものを頼みました。

2　あとで電気屋へ行きます。

3　電気屋にほしい商品がありました。

4　電気屋で働いています。

（39）　メールの内容と合っているのは、どれですか。

1　ダンさんは、このあとすぐに会社へ戻ります。

2　ダンさん宛てに荷物が届く予定です。

3　浅野さんは、ダンさんに商品の説明をしています。

4　浅野さんは、パソコンを探しています。

# 問題 5

次のメールを読んで、問題に答えてください。
答えは1・2・3・4の中から一番いいものを1つ選んでください。

---

2020/7/10（金）10:35

件名：コピー機についてのお知らせ

社員のみなさまへ

お疲れさまです。

1階事務所内のコピー機を新しいものに変えることになりました。
7月20日（月）の9:00から12:00までは、コピー機を使うことができませんので、ご注意ください。コピーをしたい方は、3階資料室のコピー機をご利用ください。資料室に入るには、鍵が必要です。総務部の松下まで内線でお知らせください。
よろしくお願いいたします。

総務部　松下いつき（内線 160）

---

(40)　何を知らせるメールですか。
　　　1　3階のコピー機が使える時間です。
　　　2　1階のコピー機が使えない時間です。
　　　3　鍵がないと事務所に入れなくなることです。
　　　4　資料室が開いている時間が変わることです。

(41)　7月20日の午前中にコピーしたい人は、まず、何をしますか。
　　　1　資料室へ行きます。
　　　2　松下さんに電話します。
　　　3　メールで松下さんに相談します。
　　　4　松下さんに事務所の鍵をもらいます。

# 問題　6

次のチラシを読んで、問題に答えてください。
答えは１・２・３・４の中から一番いいものを１つ選んでください。

---

夏のパンフェスティバル！
## 応募者全員にマグカッププレゼント！

点数シール30点分で、必ず１つ差し上げます！

キャンペーン期間　　８／８（土）〜10／30（金）
プレゼント交換期間　８／15（土）〜11／10（火）

①キャンペーン中に対象の商品を買い、ついているシールをはがして、専用
　のはがきに貼ってください。はがきは店内、レジの近くにございます。
　ご自由にお取りください。
②30点分のシールを貼ったはがきを、下記の住所へお送りください。
　期間内に送っていただいた方全員に、プレゼントをお送りいたします。
　〒111-XXXX
　東京都みどり区１-１-ＸＸＸ

※はがきには、プレゼントのお届け先を必ず（　Ａ　）してください。
※今年のシールのみ、ご利用いただけます。

---

(42)　（　Ａ　）に入る言葉は、何ですか。
1　保存
2　修正
3　記録
4　記入

(43)　チラシの内容と合っているのは、どれですか。
1　８月10日に店に行くと、シールがもらえます。
2　シールをあつめるには、商品を買わなければなりません。
3　30点分のシールを店に持って行くと、その場でプレゼントがもらえます。
4　去年のシールが混ざっていてもいいです。

## 問題　7

次の文章を読んで、問題に答えてください。
答えは1・2・3・4の中から一番いいものを1つ選んでください。

---

　　よく「急ぎの仕事を頼むときは、忙しい人に頼め」と言います。暇な人に頼んだ
ほうが空いた時間で仕事をしてくれるので、早く終わらせてくれるに決まっていると
思うかもしれません。ですが、よく考えると、これは間違った意見とも言いきれませ
ん。というのも忙しい人というのは、仕事の期限を守り、さらにその内容もよく、
「仕事ができる人」です。そのため、色々な人に仕事を任され、暇な人の何倍もの仕
事量をこなさなければなりません。しかしそのような忙しさでも、てきぱきと仕事
をする能力があるので、頼んだ仕事を期限内に終わらせることができるのです。

　　一方、仕事が期限内に終わらなかったり、質の悪い仕事をしたりする人は、仕事を
任されず暇になります。時間があるように見えても、決められた期限で仕事をする能
力が高いとは言えないでしょう。（　Ａ　）、暇な人より忙しい人に仕事を頼んだほ
うが、質の高いものを期限内に終わらせてくれるはずです。ただ、忙しい人の大事な
時間をもらうわけですから、感謝の気持ちやお礼を忘れないようにしましょう。

---

(44)　下線部「これ」とは、どんな意見のことですか。
　　1　忙しい人は、いつも感謝の気持ちを忘れないという意見です。
　　2　忙しい人に仕事を頼んだほうがいいという意見です。
　　3　暇な人は、すぐに仕事を終わらせられるという意見です。
　　4　暇な人に仕事を頼んだほうがいいという意見です。

(45)　（　Ａ　）に入る言葉は、何ですか。
　　1　結構
　　2　実は
　　3　結局
　　4　意外に

(46)　「仕事ができる人」は、どうして忙しくなると言っていますか。
　　1　質の高い資料を作るために、チェックを繰り返しているからです。
　　2　暇な人に仕事を教えなければならないからです。
　　3　自分の能力を上げるために、空いた時間に学習しているからです。
　　4　周りの人に信用されていて、たくさんの仕事を任されるからです。

## 3  漢字問題

**A** 次のひらがなの漢字をそれぞれ1・2・3・4の中から1つ選んでください。

(47) <u>いもうと</u>は、背が高いです。

    1 兄          2 妹          3 姉          4 弟

(48) <u>もり</u>に1人で行ってはいけません。

    1 林          2 森          3 秋          4 村

(49) 父は、髪が<u>みじかい</u>です。

    1 黒い         2 赤い        3 短い        4 長い

(50) 星が<u>ひかって</u>います。

    1 乗って       2 光って       3 歌って       4 洗って

(51) いらない服を<u>うり</u>ます。

    1 売り        2 切り        3 借り        4 貸り

(52) 私は、<u>うんてん</u>が好きです。

    1 勉強        2 研究        3 運動        4 運転

(53) 道が<u>くらい</u>です。

    1 古い        2 遠い        3 暗い        4 寒い

(54) 国に学校を建てることが、私の<u>ゆめ</u>です。

    1 夢          2 絵          3 想          4 望

(55) <u>きょうりょく</u>して完成させてください。

    1 助力        2 努力        3 労力        4 協力

(56) この寮には、いくつか<u>きそく</u>があります。

    1 警備        2 規則        3 倒産        4 健康

B　次の漢字の読み方を例のようにひらがなで書いてください。

- ・ひらがなは、**ただしく、ていねいに**書いてください。
- ・**漢字の読み方だけ**書いてください。

（例）　はやく書いてください。

| （例） | か |
|---|---|

(57)　課長は、別の部屋にいます。

(58)　このかばんは、軽いです。

(59)　毛糸で帽子を作ります。

(60)　駅に集まってください。

(61)　毎日病院に通っています。

(62)　屋上でごはんを食べます。

(63)　きれいな着物ですね。

(64)　熱があります。

(65)　この紙、折ってもいいですか。

(66)　新しい暮らしは、どうですか。

# 4 記述問題

A 例のように_____に合う言葉を入れて文をつくってください。

・文字は、**ただしく、ていねいに**書いてください。
・漢字で書くときは、**今の日本の漢字**を**ただしく、ていねいに**書いてください。

（例）　きのう、_____でパンを_____。
　　　　　　　　　　　（A）　　　　　　　　　　（B）

| （例） | (A) | スーパー | (B) | 買いました |
|---|---|---|---|---|

(67)

A：そのかばん、いいですね。そこのデパートで_____んですか。
　　　　　　　　　　　　　　　　　　　　　　　　　（A）

B：いえ、_____にもらいました。
　　　　　　（B）

(68)

とても暑かったですから、うちへ_____て、すぐに_____を浴びました。
　　　　　　　　　　　　　　　　　（A）　　　　　　　　　　　　（B）

(69)

70歳に_____ら、会社をやめて妻と田舎に_____つもりです。
　　　　　（A）　　　　　　　　　　　　　　　　　　　　（B）

(70)

お酒を_____過ぎて、具合が_____です。
　　　　　（A）　　　　　　　　　　　（B）

B　例のように３つの言葉を全部使って、会話や文章に合う文をつくってください。

- ・【　　】の中の文だけ書いてください。
- ・１．→２．→３．の順に言葉を使ってください。
- ・言葉の＿＿の部分は、形を変えてもいいです。
- ・文字は、ただしく、ていねいに書いてください。
- ・漢字で書くときは、今の日本の漢字をただしく、ていねいに書いてください。

（例）

きのう、【　１．どこ　→　２．パン　→　３．買う　】か。

| （例） | どこでパンを買いました |
|---|---|

（71）

私の【　１．趣味　→　２．テニス　→　３．こと　】です。

（72）　（会社で）

A：その仕事が【　１．終わる　→　２．あと　→　３．食事する　】か。

B：いいですね。

（73）　（会社で）

A：すみません。これは、どこに置けばいいですか。

B：【　１．棚　→　２．冷蔵庫　→　３．あいだ　】置いてください。

（74）

昨日は、残業で【　１．最後の電車　→　２．のる　→　３．ため　】、

家に帰れずに、会社で寝ました。

# J.TEST

# 実用日本語検定

聴解試験
ちょうかいしけん

1 写真問題　　　　　問題　　1～　6
しゃしんもんだい

2 聴読解問題　　　　問題　　7～12
ちょうどっかいもんだい

3 応答問題　　　　　問題　13～28
おうとうもんだい

4 会話・説明問題　　問題　29～38
かいわ せつめいもんだい

# 1 写真問題 (問題1～6)

| 例題 | | | | |
|---|---|---|---|---|
| れい | ● | ② | ③ | ④ |

（答えは解答用紙にマークしてください）

## A 問題1

**B** 問題2

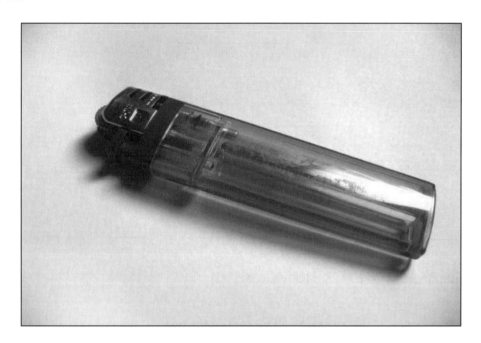

**C** 問題3

D  問題4

E  問題5

F 問題6

## 2 聴読解問題 (問題7〜12)

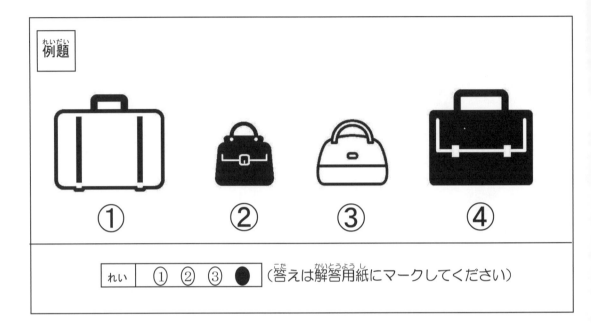

例題

① ② ③ ④

れい ① ② ③ ● （答えは解答用紙にマークしてください）

G 問題7

① 10 : 00

② 11 : 00

③ 13 : 00

④ 14 : 00

J　問題10

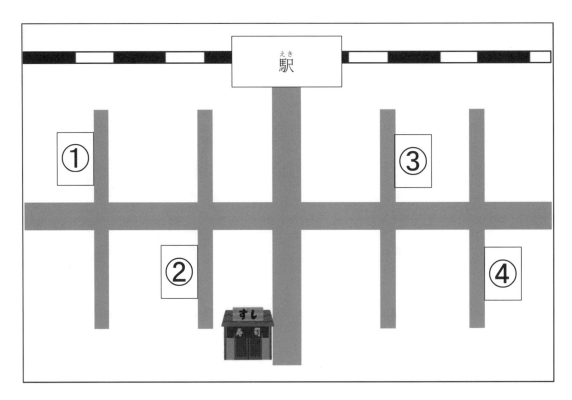

K　問題11

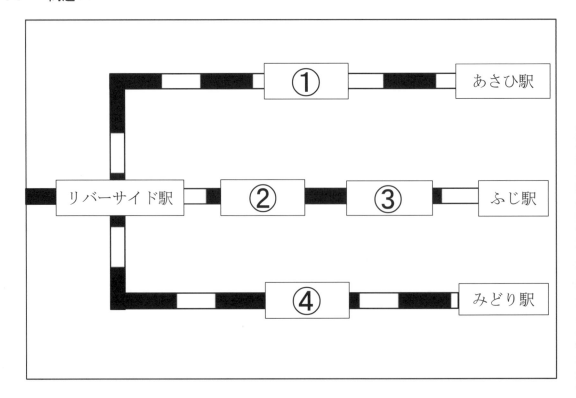

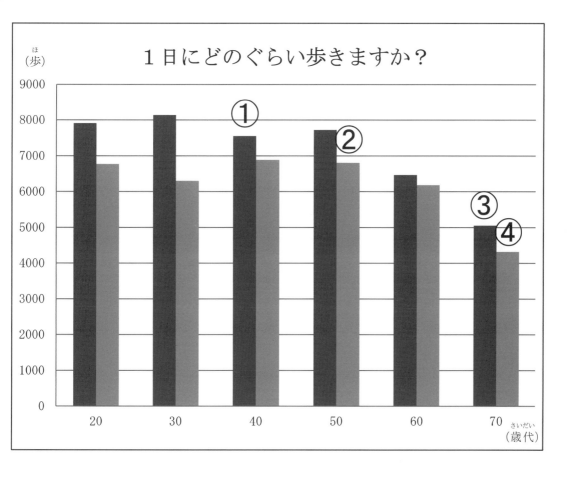

（歩）

１日にどのぐらい歩きますか？

# 3 応答問題 (問題13〜28)

(問題だけ聞いて答えてください。)

| 例題1 | → | れい1 | ● ② ③ |
|---|---|---|---|
| 例題2 | → | れい2 | ① ● ③ |

(答えは解答用紙にマークしてください)

問題13

問題14

問題15

問題16

問題17

問題18

問題19

問題20

問題21

問題22

問題23

問題24

問題25

問題26

問題27

問題28

メモ (MEMO)

# 4 会話・説明問題 (問題29〜38)

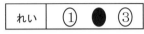

| 例題 | 1 耳が痛いですから |
| | 2 頭が痛いですから |
| | 3 歯が痛いですから |

| れい | ① ● ③ | （答えは解答用紙にマークしてください） |

問題29　1　看護師です。
　　　　2　電車のうんてん手です。
　　　　3　医者です。

問題30　1　女の人と同じところで働いていました。
　　　　2　今の仕事より、前のほうが忙しかったです。
　　　　3　病気になって、仕事をやめました。

2

問題31　1　部屋が狭かったからです。
　　　　2　ベッドでは、あまり眠れなかったからです。
　　　　3　布団は便利だと思ったからです。

問題32　1　体が痛くならないところです。
　　　　2　よく眠れるところです。
　　　　3　運びやすいところです。

3

問題33　1　湖です。
　　　　2　海です。
　　　　3　山です。

問題34　1　きれいな景色を見てきました。
　　　　2　友達に怒られました。
　　　　3　つまらない１日を過ごしました。

4

問題35　1　野球が嫌いになって、大学に行く意味がないと思ったからです。
　　　　2　大学で野球を続けられる自信がなかったからです。
　　　　3　べんきょうが苦手で、大学に入れないと思ったからです。

問題36　1　小さいころから野球が得意でした。
　　　　2　高校の先生に感謝しています。
　　　　3　大学の先生に将来のことを相談しました。

5

問題37　1　部長が会議の資料を間違えて作ったからです。
　　　　2　会議の資料に変更があったからです。
　　　　3　急に会議をすることになったからです。

問題38　1　部長から新しいデータを受け取ります。
　　　　2　会議室に資料を持って行きます。
　　　　3　資料を作り直します。

おわり

# 実用日本語検定

## TEST OF PRACTICAL JAPANESE

# J.TEST

| 受験番号 | | 氏　名 | |
|---|---|---|---|

## 注　意

試験が始まるまで、この問題用紙を開けないでください。

日本語検定協会／J.TEST事務局

# J.TEST

# 実用日本語検定

| 読 解 試 験 |
| --- |

1 文法・語彙問題　　　　　問題　（1）〜（30）

2 読解問題　　　　　　　　問題　（31）〜（46）

3 漢字問題　　　　　　　　問題　（47）〜（66）

4 記述問題　　　　　　　　問題　（67）〜（74）

# 1 文法・語彙問題

A 次の文の（　　　）に1・2・3・4の中から一番いい言葉を入れてください。

（1）　彼は、留守（　　　）はずです。
1　の　　　　　　2　で　　　　　　3　は　　　　　　4　に

（2）　ケーキを5つ（　　　）食べました。
1　と　　　　　　2　が　　　　　　3　も　　　　　　4　を

（3）　このくつは、（　　　）やすいです。
1　歩く　　　　　2　歩き　　　　　3　歩いて　　　　4　歩け

（4）　会社にかさを（　　　）しまったんです。
1　忘れ　　　　　2　忘れた　　　　3　忘れて　　　　4　忘れる

（5）　来年、会社を（　　　）つもりです。
1　やめ　　　　　2　やめよう　　　3　やめて　　　　4　やめる

（6）　このアパートは、部屋も広いし、駅も近くて（　　　）し、気に入っています。
1　便利　　　　　2　便利な　　　　3　便利で　　　　4　便利だ

（7）　とても（　　　）な映画ですね。
1　怖いそう　　　2　怖くて　　　　3　怖そう　　　　4　怖い

（8）　社員食堂では、先に料金を払って（　　　）、注文できません。
1　からといって　2　ことから　　　3　からには　　　4　からでないと

（9）　A：「ここから駅まで、歩いて行けますか」
　　　B：「（　　　）が、かなり時間がかかりますよ」
1　歩けるわけじゃありません　　　　2　歩けるとは限りません
3　歩けないことはありません　　　　4　歩けないとのことです

（10）　A：「明日からアメリカですね。いいですね」
　　　B：「ええ、でも、アメリカへ（　　　）、出張ですから」
1　行き次第　　　2　行ったとたん　3　行くにつれ　4　行くといっても

3 次の文の（　　　）に1・2・3・4の中から一番いい言葉を入れてください。

(11) 私は、日本の歴史に（　　　）があります。
1 教会　　　　2 時代　　　　3 趣味　　　　4 興味

(12) （　　　）があったら、ヨーロッパへ行きたいです。
1 メニュー　　2 ラッシュ　　3 チャンス　　4 デザイン

(13) 金曜日は、（　　　）早くうちへかえるようにしています。
1 ほとんど　　2 ちっとも　　3 なるべく　　4 やはり

(14) にもつを隣の部屋に（　　　）ください。
1 落として　　2 建てて　　　3 盗んで　　　4 運んで

(15) 彼とは、会議のあと、駅で（　　　）ました。
1 汚れ　　　　2 別れ　　　　3 割れ　　　　4 寄り

(16) 祖母が亡くなって、とても（　　　）です。
1 固い　　　　2 悲しい　　　3 細かい　　　4 厳しい

(17) ロビーにあるかさは、だれでも（　　　）使うことができます。
1 ねっしんに　2 健康に　　　3 丁寧に　　　4 じゆうに

(18) 昨日、おんがくを聞いているうちに（　　　）寝てしまいました。
1 いつの間にか　2 いったい　　3 いきなり　　4 いっきに

(19) 昨年、政府は子育てに関する（　　　）をおこないました。
1 調査　　　　2 結論　　　　3 検査　　　　4 点検

(20) 会議の時間に（　　　）間に合いました。
1 ぎりぎり　　2 ひらひら　　3 つるつる　　4 ころころ

C 次の文の_____の意味に一番ちかいものを1・2・3・4の中から選んでください。

(21) 出発は<u>こんや</u>です。
1 この時間　　2 今日の朝　　3 この場所　　4 今日の夜

(22) このマンションの<u>ルール</u>を教えてください。
1 家賃　　　　2 規則　　　　3 行き方　　　4 広さ

(23) コピーが<u>済んだら</u>、私に言ってください。
1 終わったら　2 足りたら　　3 集まったら　4 失敗したら

(24) 会社の売り上げが<u>増えました</u>。
1 ありませんでした　　　　　2 すくなくなりました
3 多くなりました　　　　　　4 変わりませんでした

(25) 須田さんは、<u>病気なのに</u>働いています。
1 病気じゃなかったから　　　2 病気が治ったので
3 病気でも　　　　　　　　　4 病気になりそうでも

(26) 彼は仕事中、おかしを<u>食べてばかりいます</u>。
1 食べ終わりました　　　　　2 よく食べています
3 食べたいと思っています　　4 食べようとしています

(27) 毎日早く<u>寝ることにしました</u>。
1 寝ることができました　　　2 寝てしまいました
3 寝ていました　　　　　　　4 寝ることを決めました

(28) <u>やっきょく</u>は、どちらですか。
1 空港　　　　2 本屋　　　　3 薬屋　　　　4 区役所

(29) 私の家は、<u>貧しかったです</u>。
1 お金がありませんでした　　2 家族が多かったです
3 不便な場所にありました　　4 安かったです

(30) 山田さん、仕事を<u>休むって</u>。
1 休んだようです　　　　　　2 休むそうです
3 休むかもしれません　　　　4 休みそうです

―― このページには問題はありません。――

## 2 読解問題

## 問題 1

次のメールを読んで、問題に答えてください。
答えは1・2・3・4の中から一番いいものを1つ選んでください。

＜リエンさんが書いたメール＞

> この間買った本、貸してもらえませんか。

＜中本さんが書いたメール＞

> すみません、あの本は
> もうサイさんに貸してしまいました。

> そうですか。
> いつごろサイさんから返してもらいますか。

> 明日の晩、サイさんと会いますから、
> そのときに返してもらいます。

> わかりました。
> では、来週借りてもいいですか。

> いいですよ。

(31)　今、本はどこにありますか。

1　本屋です。

2　リエンさんのところです。

3　中本さんのところです。

4　サイさんのところです。


(32)　中本さんは、来週何をしますか。

1　本を買います。

2　本を売ります。

3　リエンさんに本を貸します。

4　リエンさんに本を借ります。

## 問題　2

次の文章を読んで、問題に答えてください。
答えは1・2・3・4の中から一番いいものを1つ選んでください。

---

　私は来月、初めて1人で旅行をします。行くときの飛行機は予約しましたが、かえるときのは予約していません。そして、どんなことをするかは、まだ決めていません。もし気に入った場所があれば、そこでゆっくりしたいです。グループの旅行は、みんなで行く場所やすることを決めますから、好きなことができません。ですから、次の旅行がとても楽しみです。

---

(33)　私（＝筆者）は、どうして1人で旅行に行きますか。

　　1　いつも1人で旅行していますから
　　2　自分の好きなことをしたいですから
　　3　1人で飛行機に乗りたいですから
　　4　気に入った場所がありますから

# 問題　3

次の文章を読んで、問題に答えてください。
答えは１・２・３・４の中から一番いいものを１つ選んでください。

私は、仕事で毎日パソコンを使っています。ずっとパソコンを見ていますから、よく目や体が痛くなります。ですから私は、昼休みにごはんを食べたあと、会社の外を少し散歩しています。空や鳥や花を見るのは、気持ちがいいです。だんだん体が楽になって、元気が出ます。そして、午後の仕事も頑張れます。疲れたときは、しっかり寝たほうがいいと言う人もいます。でも私は、体を動かすほうが好きです。

(34)　私（＝筆者）は、どうして昼休みに散歩をしますか。
　　1　疲れた体が元気になりますから
　　2　花や鳥などを見たいですから
　　3　寝るのが好きじゃありませんから
　　4　会社の中にいるのが嫌ですから

# 問題　4

次の文章を読んで、問題に答えてください。
答えは1・2・3・4の中から一番いいものを1つ選んでください。

---

4人に、「子どものときの将来の夢」を聞きました。

**Aさん**

教師です。小学校のときの先生がとても優しくて、いい先生だったので、その先生のような教師になりたいと思っていました。来年卒業したあとで、小学校の教師になることが決まりました。とてもうれしいです。

**Bさん**

おまわりさんになりたいと思っていました。町の人たちを守る仕事は、とてもかっこいいと思っていましたが、うんどうが苦手だったので、やめました。今は、サラリーマンです。

**Cさん**

会社の社長になりたいと思っていました。お金持ちになって、家族にいい家を買ってあげたかったからです。今は会社員ですが、まだ子どものときと同じ夢を持っています。

**Dさん**

母が医者でしたので、私も医者になりたいと思っていました。母は、年を取ったので、去年医者をやめました。今は、私が母の病院で医者をしています。

---

(35)　今、子どものときにやりたかった仕事をしている人は、だれですか。

1　Aさんです。
2　Bさんです。
3　Cさんです。
4　Dさんです。

(36)　今、働いていない人は、だれですか。

1　Aさんです。
2　Bさんです。
3　Cさんです。
4　Dさんです。

# 問題　5

次のお知らせを読んで、問題に答えてください。
答えは１・２・３・４の中から一番いいものを１つ選んでください。

---

令和２年９月１日

社員各位
### 旅館「さくら」の利用について

　令和２年 10 月１日、みどり市にオープンする旅館「さくら」が、とくべつ料金でご利用いただけることになりましたので、お知らせいたします。
　10 月１日から１月 11 日までの間に利用したい人は、申込書を９月 30 日までに下記の住所に送ってください。

＜ご利用について＞
　社員またはその家族がご利用いただけます。
　１グループ５日以内でご利用ください。

＜旅館「さくら」について＞
住　　　所：埼玉県みどり市みどり１-２-XX（JR みどり駅より歩いて 10 分）
電話番号：012-345-XXXX

以上

---

(37)　10 月 30 日に旅館「さくら」を利用したい人は、いつまでに申し込まなければなりませんか。

1　９月１日です。
2　９月 30 日です。
3　10 月１日です。
4　１月 11 日です。

(38)　旅館「さくら」について、お知らせの内容と合っているのは、どれですか。

1　近くに駅がありません。
2　社員だけ利用できます。
3　９月１日に建てられました。
4　４日間泊まることができます。

# 問題　6

次のメールを読んで、問題に答えてください。
答えは１・２・３・４の中から一番いいものを１つ選んでください。

＜関根さんからハリソンさんへ送ったメール＞

ハリソンさん
お疲れ様です。
あさっての会議の資料は、もうつくりましたか。
ちょっとチェックしておきたいことがあるので、
終わったら私に見せてもらえますか。
関根

＜ハリソンさんから関根さんへ送ったメール＞

関根さん
お疲れ様です。
今日の夕方には、できると思います。
今日は、何時に会社にいらっしゃいますか。
ハリソン

ハリソンさん
今日は、大阪に出張しているので、会社には行きません。
メールで送ってもらえますか。明日の朝までに見ておきます。
関根

関根さん
わかりました。では、今日中にメールでお送りします。
ご確認よろしくお願いします。
ハリソン

(39)　関根さんは、どうしてハリソンさんの資料を見たいのですか。

　　1　今日、会社に行きませんから
　　2　会議に出席できませんから
　　3　確認したいことがありますから
　　4　大阪で資料を使いますから


(40)　ハリソンさんは、いつまでに資料をつくる予定ですか。

　　1　今日の朝です。
　　2　今日の夕方です。
　　3　明日の夕方です。
　　4　あさってです。

# 問題　7

次のチラシを読んで問題に答えてください。
答えは１・２・３・４の中から一番いいものを１つ選んでください。

---

## げんきスポーツクラブ
### 新会員募集中！

**営業時間**

平日・土曜　　　：10時～24時

日曜・祝日　　　：10時～24時

＊金曜日は休館日となっております。

**料金**

| | | |
|---|---|---|
| Ａコース…8000円 | 月～木・土 | 10時～24時 |
| | 日・祝 | 10時～19時 |
| ※Ｂコース…7000円 | 月～木・土 | 10時～24時 |
| | 日・祝 | 10時～19時 |
| Ｃコース…6000円 | 月～木・土 | 10時～16時 |
| Ｄコース…5000円 | 月～木・土 | 18時～22時 |

※Ｂコースは、お２人で同時に入会する方のみ、お申し込みいただけます。

＊入会をご希望の方は、クラブの受付でお申し込みください。
　その際に、料金をお支払いください。

---

(41) 日曜日に 1 人でスポーツクラブへ行きたいです。どれに申し込みますか。

　　　1　Aコースです。

　　　2　Bコースです。

　　　3　Cコースです。

　　　4　Dコースです。


(42) 入会したい人は、どうしますか。

　　　1　営業時間内に電話で申し込みます。

　　　2　受付に行って、料金を払います。

　　　3　料金を振り込んでから、受付に行きます。

　　　4　電話をしてから、スポーツクラブへ行きます。

# 問題　8

次の文章を読んで問題に答えてください。
答えは1・2・3・4の中から一番いいものを1つ選んでください。

---

　私が働いている会社の社長は、無駄なことが大嫌いな人です。「減らせるものはすべて減ら
す」を目標に、社長の言うとおり、社員みんなで社内のいろいろなものを減らしてきました。

　まず、コピー機やパソコンを使わないときは、電源を切るようにしました。時間の無駄もな
くすため、会議室にみんなで集まっておこなっていた毎朝の会議も、それぞれの机からイン
ターネットで15分だけおこなうようにしました。エアコンもできるだけ使わないようにしまし
た。

　いろいろな無駄を減らした結果、電気代が10%減って、その分社員のボーナスが去年より上
がりました。

　（　A　）私には、変だなと思うことがあるのです。それは、「これを減らそう」と社長が
新しいアイデアを思いつくたびに、そのアイデアを自分で印刷して、社員100人に配ることで
す。メールでもいいのに、毎回100枚分のコピー用紙が使われているのです。無駄が嫌いな社
長が、これについては何も思わないのかと、私は不思議に思います。

---

(43)　（　A　）に入る言葉は、何ですか。

　　1　やはり

　　2　その上

　　3　あるいは

　　4　しかし

(44)　下線部「不思議」の内容は、どんなことですか。

　　1　社長が新しいアイデアをどんどん思いつくことです。

　　2　社長はメールが嫌いで、ぜんぜん使わないことです。

　　3　社長が紙を無駄に使っていることです。

　　4　社長が社員にコピーさせることです。

# 問題　9

次の文章を読んで、問題に答えてください。
答えは1・2・3・4の中から一番いいものを1つ選んでください。

みなさんはいつも、どうやって情報を得ていますか。

新聞や雑誌、テレビ、ラジオ、インターネットなど、何かを知るにはいろいろな方法がありますが、これらは、「プッシュ型」と「プル型」に分けることができます。新聞やテレビなど、情報をもらうだけの「プッシュ型」です。新聞を読んでいる人や、テレビを見ている人は、自分から進んで知ろうとしたわけではありません。一方、「プル型」は、自分から情報を探しに行くやり方です。自分が知りたいことを入力して調べる、インターネット検索などは、「プル型」です。

インターネットが生まれるまえは、（　A　）が情報を得る主な手段でした。たしかに、テレビや新聞からも多くの情報が得られますが、それだけでは、知識が身についたとはいえないと思います。（　B　）で得られた情報は、自分と関係ないものもあり、それらはすぐに忘れてしまうことが多いからです。知識は、こちらから探しにいく、つまり（　C　）で集めたほうが身につきやすいでしょう。「これはどういう意味か」「どうしてこうなるのか」と考えながら、自分から知ろうとして集めた情報こそが、自分の知識となるのだと思います。

これからの時代は、自分にとって必要な情報を上手に集める技術が、ますます大切になっていくのではないでしょうか。

(45)　（　A　）（　B　）（　C　）に入る言葉の組み合わせで、合っているのは、
　　　どれですか。

　　　1　A：「プッシュ型」　　　B：「プル型」　　　　C：「プル型」
　　　2　A：「プッシュ型」　　　B：「プッシュ型」　　C：「プル型」
　　　3　A：「プル型」　　　　　B：「プッシュ型」　　C：「プル型」
　　　4　A：「プル型」　　　　　B：「プッシュ型」　　C：「プッシュ型」

(46)　「情報」と「知識」について、文章の内容と合っているのは、どれですか。

　　　1　新聞には、情報を得るための知識が書かれています。
　　　2　インターネットで得た情報からは、本当の知識は身につきません。
　　　3　得た情報が多ければ多いほど、知識も多くなります。
　　　4　自分で集めた情報が自分の知識になります。

# 3 漢字問題

**A 次のひらがなの漢字をそれぞれ1・2・3・4の中から1つ選んでください。**

(47) 私には、<u>あに</u>がいます。
    1 男            2 兄            3 父            4 弟

(48) <u>おんがく</u>が好きです。
    1 研究        2 牛肉        3 音楽        4 写真

(49) マリさん、課長が<u>よんで</u>いますよ。
    1 進んで      2 飛んで      3 並んで      4 呼んで

(50) このケーキ、だれが<u>つくった</u>んですか。
    1 帰った      2 歌った      3 作った      4 待った

(51) <u>こうじょう</u>で働いています。
    1 工場        2 運動        3 荷物        4 回転

(52) <u>あかい</u>くつを買いました。
    1 古い        2 赤い        3 黒い        4 青い

(53) 今日は、<u>だいじ</u>な会議があります。
    1 特大        2 重大        3 大切        4 大事

(54) 何を<u>ひろい</u>ましたか。
    1 拾い        2 行い        3 洗い        4 失い

(55) あのチームに勝てるかどうか、<u>じしん</u>がありません。
    1 自然        2 自身        3 自信        4 自由

(56) <u>せんそう</u>には、反対です。
    1 交換        2 労働        3 制度        4 戦争

B　次の漢字の読み方を例のようにひらがなで書いてください。

---

・ひらがなは、**ただしく、ていねいに**書いてください。
・漢字の読み方だけ書いてください。

（例）　はやく書いてください。　　┌─────┬─────────────┐
　　　　　　　　　　　　　　　　　│（例）│　　　か　　　│
　　　　　　　　　　　　　　　　　└─────┴─────────────┘

---

(57)　魚は、どこに売っていますか。

(58)　お米づくりを見学しました。

(59)　この時間は、人が少ないです。

(60)　この本は、新しいです。

(61)　急いでください。

(62)　もう大丈夫ですから、安心してください。

(63)　毎朝30分走っています。

(64)　とても美しい絵ですね。

(65)　1週間の計画を立てましょう。

(66)　久しぶりに両親に会いました。

# 4 記述問題

A 例のように＿＿＿＿に合う言葉を入れて文をつくってください。

---

・文字は、**ただしく、ていねいに**書いてください。
・漢字で書くときは、**今の日本の漢字**を**ただしく、ていねいに**書いてください。

（例）　きのう、＿＿＿＿＿＿＿でパンを＿＿＿＿＿＿＿。
　　　　　　　　　　　　（A）　　　　　　　　　　　（B）

| （例） | (A) | スーパー | (B) | 買いました |
|---|---|---|---|---|

---

(67)
休みの日は、映画を＿＿＿＿＿＿、スポーツを＿＿＿＿＿＿します。
　　　　　　　　　　　　　（A）　　　　　　　　　　　（B）

(68)
A：週末は、何をしましたか。

B：姉と＿＿＿＿＿＿に登りました。天気が＿＿＿＿＿＿て、景色がきれいでした。
　　　　　　（A）　　　　　　　　　　　　　　　（B）

(69)
A：どうして窓が＿＿＿＿＿＿あるんですか。
　　　　　　　　　　（A）
B：あ、海も見えるし、鳥の声も＿＿＿＿＿＿んです。
　　　　　　　　　　　　　　　　　　（B）

(70)
みんなに反対＿＿＿＿＿＿も、彼女と結婚＿＿＿＿＿＿と思います。
　　　　　　　　（A）　　　　　　　　　　　　（B）

3 例のように3つの言葉を全部使って、会話や文章に合う文をつくってください。

---

・【　　　】の中の文だけ書いてください。
・1.→2.→3.の順に言葉を使ってください。
・言葉の　　の部分は、形を変えてもいいです。
・文字は、ただしく、ていねいに書いてください。
・漢字で書くときは、今の日本の漢字をただしく、ていねいに書いてください。

（例）

きのう、【　1．どこ　→　2．パン　→　3．買う　】か。

| （例） | どこでパンを買いました |
|---|---|

---

(71)

冷蔵庫に【　1．水　→　2．しか　→　3．ある　】から、買い物に行きます。


(72)

コーヒーは毎日飲みますが、【　1．お茶　→　2．あまり　→　3．飲む　】。


(73)　（会社で）

【　1．電気　→　2．つける　→　3．まま　】部屋を出ないでください。


(74)

A：お仕事は、忙しいですか。

B：ええ、でも【　1．先月　→　2．ほど　→　3．忙しい　】です。

—— このページには問題<ruby>問題<rt>もんだい</rt></ruby>はありません。——

# J.TEST

# 実用日本語検定

ちょう かい し けん
聴 解 試 験

1　写真問題　　　　　　問題　　1〜　6
　　しゃしんもんだい

2　聴読解問題　　　　　問題　　7〜12
　　ちょうどっかいもんだい

3　応答問題　　　　　　問題　13〜28
　　おうとうもんだい

4　会話・説明問題　　　問題　29〜38
　　かいわ　せつめいもんだい

# 1 写真問題 (問題1〜6)

例題

れい　● ② ③ ④　（答えは解答用紙にマークしてください）

## A　問題1

B　問題2

C　問題3

D 問題4

E 問題5

問題6

# 2 聴読解問題 (問題7〜12)

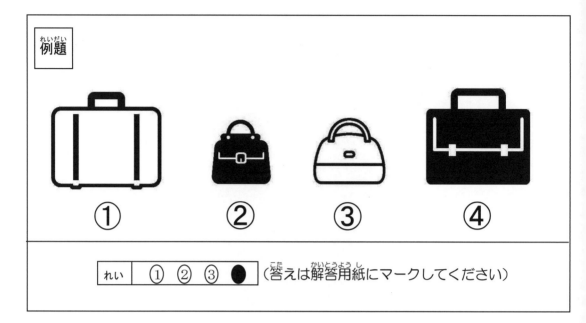

例題

①　②　③　④

れい　①　②　③　●　(答えは解答用紙にマークしてください)

G　問題7

| 9月20日 (日) 予定 | |
| --- | --- |
| 11：00 | 船で湖を1周 |
| 12：00 | ① |
| 13：00 | レストランで食事 |
| 14：00 | ② |
| 15：00 | |
| 16：00 | ③ |
| 17：00 | ④ |

H 　問題8

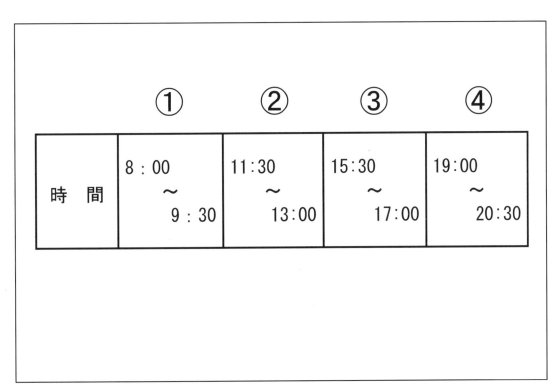

| 時　間 | ① | ② | ③ | ④ |
|---|---|---|---|---|
| | 8：00<br>〜<br>9：30 | 11：30<br>〜<br>13：00 | 15：30<br>〜<br>17：00 | 19：00<br>〜<br>20：30 |

I 　問題9

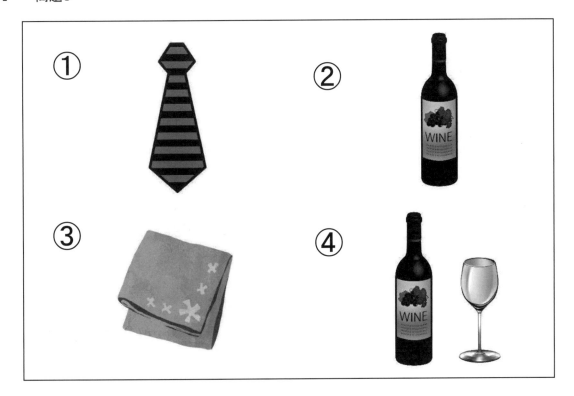

J　<ruby>問題<rt>もんだい</rt></ruby>10

① 午後5時半

② 午後6時

③ 午後6時半

④ 午後7時

K　<ruby>問題<rt>もんだい</rt></ruby>11

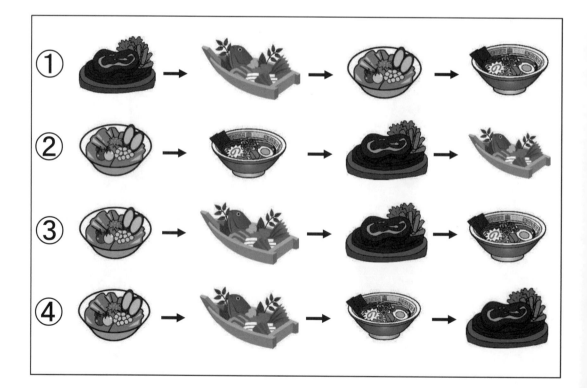

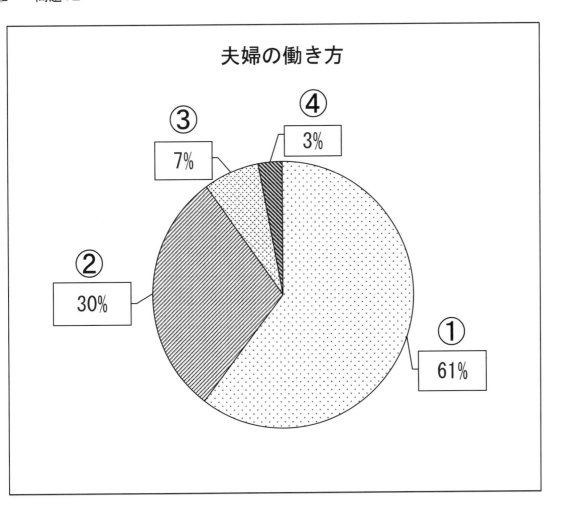

# 3 応答問題 （問題13〜28）

（問題だけ聞いて答えてください。）

| 例題1 | → | れい1 | ● ② ③ |
|---|---|---|---|
| 例題2 | → | れい2 | ① ● ③ |

（答えは解答用紙にマークしてください）

| 問題13 |
|---|
| 問題14 |
| 問題15 |
| 問題16 |
| 問題17 |
| 問題18 |
| 問題19 |
| 問題20 |
| 問題21 |
| 問題22 |
| 問題23 |
| 問題24 |
| 問題25 |
| 問題26 |
| 問題27 |
| 問題28 |

**メモ（MEMO）**

# 4 会話・説明問題（問題29〜38）

| 例題 | 1 耳が痛いですから |
|---|---|
| | 2 頭が痛いですから |
| | 3 歯が痛いですから |

| れい | ① ● ③ | （答えは解答用紙にマークしてください） |
|---|---|---|

問題29　1　自転車で転びましたから
　　　　2　病気になりましたから
　　　　3　階段で転びましたから

問題30　1　病院へ行きます。
　　　　2　鈴木さんに電話します。
　　　　3　駅へ行きます。

問題31　1　高いところにありますから
　　　　2　開けるといやなにおいがしますから
　　　　3　危険ですから

問題32　1　あまり売れていません。
　　　　2　電気代がかかります。
　　　　3　人が掃除しなくてもいいです。

- 173 -

3

問題33 1 毎日水泳に通っていました。
　　　 2 毎日家族や友だちと電話していました。
　　　 3 毎日ラーメンを食べていました。

問題34 1 フランスの食べ物を輸入する会社です。
　　　 2 食料品を作って、輸出する会社です。
　　　 3 外国にラーメンを紹介する会社です。

4

問題35 1 旅行のスケジュールを作ります。
　　　 2 男の人の会社へ行きます。
　　　 3 ファックスを送ります。

問題36 1 会議中でしたから
　　　 2 電話中でしたから
　　　 3 出張中でしたから

5

問題37 1 自分の部屋がないほうがいいですから
　　　 2 ずっと見ていないと、遊び始めますから
　　　 3 家族が近くにいたほうが安心しますから

問題38 1 リビングに置ける小さめの机です。
　　　 2 成長に合わせて調節できる机です。
　　　 3 引き出しがついている机です。

おわ

# 実用日本語検定

## TEST OF PRACTICAL JAPANESE

# J.TEST

| 受験番号 | | 氏 名 | |
|---|---|---|---|

## 注 意

試験が始まるまで、この問題用紙を開けないでください。

日本語検定協会／J.TEST事務局

# J.TEST

# 実用日本語検定

読解試験

# 1 文法・語彙問題

A 次の文の（　　　）に1・2・3・4の中から一番いい言葉を入れてください。

（1）　このジュースは、健康（　　　）いいです。
　　　　1　を　　　　　　2　に　　　　　　3　が　　　　　　4　へ

（2）　今年の夏は、去年（　　　）暑くないです。
　　　　1　と　　　　　　2　に　　　　　　3　ほど　　　　　4　から

（3）　もっと野菜を（　　　）ほうがいいですよ。
　　　　1　食べ　　　　　2　食べて　　　　3　食べた　　　　4　食べよう

（4）　急に雨に（　　　）ました。
　　　　1　降り　　　　　2　降って　　　　3　降られ　　　　4　降った

（5）　中村部長は、もう（　　　）なりました。
　　　　1　帰る　　　　　2　帰った　　　　3　帰り　　　　　4　お帰りに

（6）　ここは、（　　　）だろうと思います。
　　　　1　あんぜんな　　2　あんぜん　　　3　あんぜんで　　4　あんぜんに

（7）　この部屋は、（　　　）すぎます。
　　　　1　暑かった　　　2　暑くて　　　　3　暑　　　　　　4　暑い

（8）　インターネットがつながらないので、（　　　）ようがありません。
　　　　1　調べる　　　　2　調べた　　　　3　調べ　　　　　4　調べて

（9）　A：「昨日の飲み会、どうだった？」
　　　　B：「全然楽しくなかったよ。（　　　）」
　　　　1　ついでに行く？　　　　　　　　　　2　二度と行くものか
　　　　3　当然行くものでしょう　　　　　　　4　いつか行くしかないね

（10）　A：「大丈夫？　もう帰ったら？」
　　　　B：「（　　　）よ。プレゼンは、明日なんだから」
　　　　1　帰る一方だ　　　　　　　　　　　　2　帰るとも限らない
　　　　3　帰るわけにはいかない　　　　　　　4　帰るに違いない

- 178 -

B　次の文の（　　　）に1・2・3・4の中から一番いい言葉を入れてください。

(11)　風邪をひいて（　　　）が痛いです。
　　　1　涙　　　　　　2　喉　　　　　　3　血　　　　　　4　虫

(12)　山田さんは、（　　　）で会社に来ます。
　　　1　オートバイ　　2　メニュー　　　3　ガス　　　　　4　レポート

(13)　ここは、危ないので、（　　　）入ってはいけません。
　　　1　たしか　　　　2　きちんと　　　3　なかなか　　　4　けっして

(14)　よく（　　　）食べてください。
　　　1　かんで　　　　2　騒いで　　　　3　触って　　　　4　集まって

(15)　社長が待っているので、（　　　）駅へ行ってください。
　　　1　回って　　　　2　向かって　　　3　うごいて　　　4　急いで

(16)　このやり方で（　　　）ですか。
　　　1　寂しい　　　　2　正しい　　　　3　ねむい　　　　4　浅い

(17)　木村さんは、ダンスが（　　　）です。
　　　1　複雑　　　　　2　危険　　　　　3　苦手　　　　　4　盛ん

(18)　10年使った事務所のコピー機が（　　　）壊れました。
　　　1　とうとう　　　2　ものすごく　　3　たまに　　　　4　しばらく

(19)　席を（　　　）変わってはいけません。
　　　1　十分に　　　　2　真剣に　　　　3　不思議に　　　4　勝手に

(20)　雨が（　　　）降っています。
　　　1　びしょびしょ　2　ひそひそ　　　3　ごちゃごちゃ　4　ざあざあ

C　次の文の＿＿＿＿の意味に一番ちかいものを１・２・３・４の中から選んでください。

(21)　主人は、部屋にいます。
　　　１　彼　　　　　２　夫　　　　　３　お嬢さん　　　４　祖父

(22)　会社に用があります。
　　　１　ようじ　　　２　忘れ物　　　３　お手洗い　　　４　連絡

(23)　めずらしい花ですね。
　　　１　あまり見ない　　　　　　　　２　美しい
　　　３　においがつよい　　　　　　　４　よく知られている

(24)　住所を伺いました。
　　　１　読みました　　２　書きました　　３　聞きました　　４　言いました

(25)　朝ご飯を食べずに、会社へ行きます。
　　　１　食べて　　　　２　食べなくても　３　食べるために　４　食べないで

(26)　冬にならないと、雪は降りません。
　　　１　なったけど　　２　なっても　　　３　ならなければ　４　なるのに

(27)　財布、なくしちゃったの？
　　　１　なくしそうなの　　　　　　　　２　なくしてもいいの
　　　３　なくしてしまったの　　　　　　４　なくさなかったの

(28)　マヤさんと私は、親しいです。
　　　１　仲良し　　　　２　うそつき　　　３　いいかげん　　４　おとなしい

(29)　ルールを改めましょう。
　　　１　変えましょう　　　　　　　　　２　知らせましょう
　　　３　覚えましょう　　　　　　　　　４　調べましょう

(30)　引っ越したとたん、彼女と連絡が取れなくなりました。
　　　１　引っ越すまえから　　　　　　　２　引っ越してすぐ
　　　３　引っ越すことになり　　　　　　４　引っ越したので

──── このページには問題<ruby>問題<rt>もんだい</rt></ruby>はありません。 ────

# 2　読解問題

## 問題　1

次のメールを読んで、問題に答えてください。
答えは1・2・3・4の中から一番いいものを1つ選んでください。

＜ジャンさんが書いたメール＞

古川さん、今、駅前にいるんですが、
このちかくでいい喫茶店を知りませんか。

＜古川さんが書いたメール＞

それなら、駅の北口にある「マロン」がいいですよ。
ケーキと紅茶がおいしいです。

そうですか。道がわからないんですが、
どうやって行けばいいですか。

じゃ、一緒に行きましょうか。
今から家を出ますね。5分ぐらいで着きますよ。

ありがとうございます。
駅前のコンビニで待っています。

(31) 古川さんは、今、どこにいますか。

　　1　駅前です。

　　2　「マロン」です。

　　3　家です。

　　4　コンビニです。


(32) 古川さんは、これからどうしますか。

　　1　駅前のコンビニでジャンさんと会います。

　　2　駅前のコンビニでジャンさんを待ちます。

　　3　ジャンさんにメールで行き方をおしえます。

　　4　ジャンさんに店の名前をおしえます。

## 問題 2

次の文章を読んで、問題に答えてください。
答えは1・2・3・4の中から一番いいものを1つ選んでください。

---

私は、休みの日によく図書館へ行きます。家から歩いて10分ぐらいです。とてもひろくて、静かなところです。図書館で本を借りてから、公園へ行きます。公園は、図書館の前にあって、いつもきれいな花が咲いています。散歩している人がおおいですが、私は、散歩しません。借りた本をこの公園で読むのが好きです。毎日、とても忙しいですから、休みの日はゆっくり好きなことをしています。

---

(33) 私（＝筆者）は、何をするのが好きですか。

　　1　歩いて図書館へ行くことです。
　　2　きれいな花を見て、散歩することです。
　　3　公園で本を読むことです。
　　4　仕事をすることです。

# 問題　3

次の文章を読んで、問題に答えてください。
答えは１・２・３・４の中から一番いいものを１つ選んでください。

---

　先週、アルバイトの休憩中に先輩がお菓子をくれて、一緒に食べました。それは、日本でにんきのお菓子でしたが、私はまだ食べたことがありませんでした。お菓子を食べながら、アルバイトのことや、生活のことをたくさん話しました。お菓子もおいしかったし、会話も楽しかったし、素敵な時間でした。

　今日、コンビニでそのお菓子を見つけました。もう一度食べたいと思って、買いました。家に帰って、１人で食べました。でも、あまりおいしいと思いませんでした。だれかと一緒に楽しく食べるから、おいしかったんだと思いました。

---

(34) 私（＝筆者）は、どうしてお菓子が「おいしかったんだ」と思いましたか。

1　初めて食べるお菓子でしたから
2　にんきがあるお菓子でしたから
3　先輩がくれたお菓子でしたから
4　先輩と一緒に食べましたから

# 問題　4

次の文章を読んで、問題に答えてください。
答えは1・2・3・4の中から一番いいものを1つ選んでください。

---

4人に「好きな乗り物」について聞きました。

Aさん

　私は、飛行機が好きです。飛行機は、乗っている時間が長いときも、えいがを見たり、ゲームができて、楽しいです。車もよく乗りますが、うんてんしているとあまり景色が見られないし、疲れるので好きじゃありません。

Bさん

　私は、自転車が一番好きです。自転車は、車のように値段が高くないし、ガソリン代もかからないからです。それに、てんきがいい日に自転車で走っていると、風がとてもきもちいいです。

Cさん

　私は、車が一番好きです。絶対に車が一番いい乗り物だと思います。車があれば、いつでも好きなところへ行けると思います。まだあまりうんてんしたことがありませんが、来月車を買ったら、いろいろなところへ行きたいです。

Dさん

　私は、電車です。私は、車がうんてんできないので、出かけるときは、たいてい電車で行きます。電車なら、時刻表を見れば着く時間がわかるし、帰りのしんぱいをしないでおさけが飲めるので、あんしんです。

---

(35)　よく車をうんてんするのは、だれですか。
1　Aさんです。
2　Bさんです。
3　Cさんです。
4　Dさんです。

(36)　文章の内容と合っているのは、どれですか。
1　Aさんは、飛行機より車のほうが好きです。
2　Bさんは、自転車はきもちがいい乗り物だと思っています。
3　Cさんは、車はあんぜんな乗り物だと思っています。
4　Dさんは、電車は安くて、楽しいと思っています。

次のお知らせを読んで、問題に答えてください。
答えは1・2・3・4の中から一番いいものを1つ選んでください。

---

11月2日

総務課　田中

## 社員旅行のお知らせ

社員旅行が下記のとおり決まりましたので、お知らせします。

・日　時　：　12月12日（土）〜12月13日（日）
・行き先　：　もりのみや温泉　　もりのみやホテルに泊まります。
　　　　　　　　TEL（02）334-8×××

　もりのみやホテルは、海の前にあって、おいしい料理が食べられます。
海岸を散歩することもできます。

＊旅行代は、無料です。会社からバスで行きます。
＊さんかしたい方は、11月13日までに、総務課の田中へメールで連絡してください。

---

(37)　旅行へ行きたい人は、このあとまず何をしますか。
　　1　田中さんにメールをします。
　　2　すぐにもりのみやホテルに電話します。
　　3　総務課へ行って申し込みます。
　　4　田中さんからの連絡を待ちます。

(38)　お知らせの内容と合っているのは、どれですか。
　　1　12月13日から旅行に行きます。
　　2　旅行に行く人は、お金を払わなくてもいいです。
　　3　旅行に行くとき、バスと電車で行きます。
　　4　もりのみやホテルは、海から遠いです。

# 問題　6

次のメールを読んで、問題に答えてください。
答えは１・２・３・４の中から一番いいものを１つ選んでください。

<降谷さんから鈴木さんへ送ったメール>

鈴木さん
お疲れ様です。営業部の降谷一郎です。
今朝、新しい名刺をいただきましたが、名前の漢字が違いました。
私の名前は「古谷」ではなく、「降谷」です。
すぐに直したものをいただきたいのですが、いつになりますか。
来月の出張に持って行きたいので…。
降谷

<鈴木さんから降谷さんへ送ったメール>

降谷さん
お疲れ様です。
大変しつれいしました。すぐに店に確認してご連絡いたします。
申し訳ありませんでした。
鈴木

鈴木さん
わかりました。
「降谷」と「古谷」はよく間違えられるので、
きにしないでください。
では、よろしくお願いいたします。
降谷

(39) 降谷さんは、どうして鈴木さんにメールを送りましたか。

   1　新しい名刺が届いていませんから

   2　新しい名刺のデザインがよくないですから

   3　新しい名刺の色が変ですから

   4　新しい名刺に間違いがありましたから


(40) 鈴木さんは、このあとまず何をしますか。

   1　名刺を買いに行きます。

   2　名刺の店に連絡します。

   3　降谷さんに名刺を届けます。

   4　出張の準備をします。

次の案内を読んで、問題に答えてください。
答えは1・2・3・4の中から一番いいものを1つ選んでください。

---

## ◇◆　すぎのや旅館　◆◇
### ～宿泊プランのごあんない～

当旅館のサービスをご紹介します。
お客様のご都合に合わせて、お好きなプランをお選びください。

| プラン | 内容 | | 大人料金（お一人） |
|---|---|---|---|
| | お食事 | 部屋 | |
| A | 夕食　×<br>朝食　× | 洋室 | 7,000円 |
| B | 夕食　×<br>朝食　〇 | 洋室 | 8,000円 |
| C | 夕食　〇<br>朝食　〇 | 和室 | 12,000円 |
| D | 夕食　〇<br>朝食　〇 | 和室 | 10,000円 |

### ～ご注意ください～

● 上の表の「お食事」について：
　　×は「ありません」、〇は「あります」の意味です。
● 上の表は、レストランでお食事の場合の料金です。
　　お部屋でお食事の場合は、お一人＋400円（子どもは＋200円）かかります。
● 子ども料金は、大人料金の半分のお値段です。
● Dプランは、平日のみご利用できます。
　　週末に泊まる場合、A～Cプランからお選びください。
● 和室には、布団をご用意いたします。

(41) リーさんは、土曜日、畳の部屋に泊まりたいです。

朝食と夕食、どちらも食べます。どのプランを選びますか。

1 Aプランです。

2 Bプランです。

3 Cプランです。

4 Dプランです。

(42) スミスさんは、月曜日に1泊、妻と子どもと3人でベッドのある部屋に泊まりました。朝食は部屋で食べましたが、夕食は食べませんでした。

全部でいくら払いましたか。

1 20,000円です。

2 21,000円です。

3 24,000円です。

4 25,000円です。

# 問題　8

次の文章を読んで、問題に答えてください。
答えは１・２・３・４の中から一番いいものを１つ選んでください。

---

　私の会社では、毎朝のミーティングで社員がスピーチをします。しかし、ほとんどの人は、スピーチを嫌がります。私は、外国人は日本人と違って、スピーチが得意な人がおおいと思っていました。しかし、外国人の同僚によると、そんなことはなくて、国籍に関係なく、うまくできないかもしれないと緊張する人もいるそうです。

　このように、みんなが嫌がるスピーチですが、私は必要なことだと思います。仕事のとき、いい効果があると思うからです。まず、人前で話すことは、取引先の人と話したり、製品について説明したりするときの練習になります。また、他の社員のスピーチを聞くことで、その人の考え方や興味があることを知ることができます。コミュニケーションをうまくとるためには、相手を知ることがとても大切です。

　もちろん、大勢の前で話すのは緊張しますし、何をどのように話すかを考えるのは大変ですしかし、よりよい仕事をするために、毎朝のスピーチをもっと積極的に行うべきだと思います。

---

(43)　「そんなこと」とは、どんなことですか。

　　1　会社でスピーチをする機会がおおいことです。

　　2　うまく話せるかしんぱいする人がおおいことです。

　　3　スピーチが得意な人がおおいことです。

　　4　スピーチの練習をする人がおおいことです。

(44)　私（＝筆者）は、どうしてスピーチが必要なことだと言っていますか。

　　1　外国人のように話すのがうまくなりますから

　　2　取引先の製品を同僚に紹介できますから

　　3　ミーティングが楽しくなりますから

　　4　仕事をするとき、役に立ちますから

# 問題　9

次の文章を読んで、問題に答えてください。
答えは1・2・3・4の中から一番いいものを1つ選んでください。

　電車が一番混んでいるのは、平日の朝7時から10時ぐらいまでの間だと言われています。この時間の電車は通勤・通学電車と呼ばれていて、乗っている人のほとんどが学生や会社員です。朝の電車が夕方や夜よりも混んでいるのは、学校や会社がだいたい同じような時間に始まるからです。

　30年ぐらい前の通勤・通学電車は、今よりもっと混んでいました。「(ア)押し屋」と呼ばれる人が、駅のホームで電車に乗りきれない人を押して、電車の中に入れることもよくありました。冬になると、たくさん着ている服のせいで、電車に乗れる人数が少なくなるので、大きい駅には、100人以上の「押し屋」がいたそうです。東京にちかづくにつれて、乗っている人も増えていくので、体が押されて、けがをするかもしれない、と思うぐらいたくさんの人が電車に乗っていたものです。

　(イ)最近の通勤・通学電車は、昔より混まなくなりました。電車が昔より大きくなったことや、鉄道会社や線路が増えたこと、学生や働いている人が減ったこと、働き方が自由になってきて、家で仕事をしたり、勤務時間を選択できるようになったことなど、様々な理由があるようです。

---

(45)　(ア)「押し屋」とは、どんな仕事ですか。

　　1　電車に乗りきれない人を並ばせる仕事です。

　　2　電車に乗るとき、押さないように注意する仕事です。

　　3　ホームにいる人が電車に乗れるように、体を押す仕事です。

　　4　駅のホームで、ホームドアや緊急停止のボタンを押す仕事です。

(46)　どうして(イ)「最近の通勤・通学電車は、昔より混まなくなりました」か。

　　1　きっぷの値段が上がりましたから

　　2　勤務時間が選べるようになってきましたから

　　3　車や自転車で会社へ行く人が増えましたから

　　4　鉄道会社の社員が増えましたから

## 3　漢字問題

A　次のひらがなの漢字をそれぞれ1・2・3・4の中から1つ選んでください。

(47)　電話の<u>おと</u>が聞こえます。
　　　1　台　　　　　2　歌　　　　　3　音　　　　　4　声

(48)　<u>かぞく</u>と出かけました。
　　　1　兄弟　　　　2　姉妹　　　　3　家族　　　　4　親族

(49)　ペットの猫が<u>しんで</u>、悲しいです。
　　　1　産んで　　　2　学んで　　　3　遊んで　　　4　死んで

(50)　スピーチを<u>かんがえて</u>ください。
　　　1　習えて　　　2　代えて　　　3　考えて　　　4　終えて

(51)　その話を聞いて、<u>あんしん</u>しました。
　　　1　計画　　　　2　運動　　　　3　研究　　　　4　安心

(52)　<u>つよい</u>風で、木がたおれました。
　　　1　強い　　　　2　多い　　　　3　近い　　　　4　重い

(53)　<u>ぎんこう</u>が混んでいたので、ずいぶん待ちました。
　　　1　森林　　　　2　銀行　　　　3　教室　　　　4　医院

(54)　夜の道は、暗くて<u>こわい</u>です。
　　　1　固い　　　　2　怖い　　　　3　眠い　　　　4　細い

(55)　食事の<u>りょう</u>がおおいです。
　　　1　量　　　　　2　両　　　　　3　種　　　　　4　酒

(56)　課長から<u>しじ</u>がありました。
　　　1　失敗　　　　2　情報　　　　3　反省　　　　4　指示

B　次の漢字の読み方を例のようにひらがなで書いてください。

---

・ひらがなは、**ただしく、ていねいに**書いてください。
・漢字の読み方だけ書いてください。

（例）　はやく書いてください。　〔 | （例） | か |

---

(57)　今、欲しいものは、特にありません。

(58)　肉を切ってください。

(59)　日曜日は、都合が悪いです。

(60)　広い家に住みたいです。

(61)　ここにビルを建てます。

(62)　彼女は、マラソンで世界記録を出しました。

(63)　病気が治りました。

(64)　おじいさんが駅で倒れました。

(65)　これも追加してください。

(66)　石油を輸入します。

## 4　記述問題

A　例のように_____に合う言葉を入れて文をつくってください。

---

・文字は、**ただしく、ていねいに**書いてください。
・漢字で書くときは、**今の日本の漢字を****ただしく、ていねいに**書いてください。

（例）　きのう、_____でパンを_____。
　　　　　　　　　　（A）　　　　　　　　　　　（B）

| （例） | (A) | スーパー | (B) | 買いました |
|---|---|---|---|---|

---

(67)

毎晩、_____を読んで、日記を_____、それから寝ます。
　　　　　　（A）　　　　　　　　　　　　（B）

(68)

A：今年の夏休みは、国へ_____か。
　　　　　　　　　　　　　　（A）

B：いいえ。休みが２日しか_____でしたから。
　　　　　　　　　　　　　　（B）

(69)

このコーヒーは、_____すぎるので、砂糖を_____ます。
　　　　　　　　　　（A）　　　　　　　　　　　　（B）

(70)　（会社で）

A：_____そうですね。もしかして部長に_____んですか。
　　　　（A）　　　　　　　　　　　　　　　　　（B）

B：ええ。私がかんがえたこのデザイン、きに入ってもらえたみたいです。

B 例のように３つの言葉を全部使って、会話や文章に合う文をつくってください。

・【　　】の中の文だけ書いてください。
・１．→２．→３．の順に言葉を使ってください。
・言葉の　　の部分は、形を変えてもいいです。
・文字は、ただしく、ていねいに書いてください。
・漢字で書くときは、今の日本の漢字をただしく、ていねいに書いてください。

（例）

きのう、【　１．どこ　　→　２．パン　　→　３．買う 】か。

| （例） | どこでパンを買いました |
|---|---|

(71) （びょういんで）

【　１．ここ　→　２．電話　→　３．使う 】ないでください。

(72) （会社で）

Ａ：お客様用のお茶、何本用意しますか。

Ｂ：１本でいいです。

【　１．ひとり　→　２．来る　→　３．言う 】いましたから。

(73) （会社で）

相原：杉山さんの来週の出張、

【　１．どこ　→　２．行く　→　３．知る 】いますか。

三田：さあ…。課長に聞けば、わかりますよ。

(74)

Ａ：すみません、

昨日【　１．借りる　→　２．かさ　→　３．持ってくる 】を忘れました。

Ｂ：あー、また今度で大丈夫ですよ。

―― このページには問題はありません。――

# J.TEST

# 実用日本語検定

聴解試験

1 写真問題 問題 1～ 6

2 聴読解問題 問題 7～12

3 応答問題 問題 13～28

4 会話・説明問題 問題 29～38

# 1 写真問題 (問題1〜6)

例題

| れい | ● ② ③ ④ | （答えは解答用紙にマークしてください） |

A    問題1

- 200 -

**B** <ruby>問題<rt>もんだい</rt></ruby>2

**C** <ruby>問題<rt>もんだい</rt></ruby>3

D　問題4

E　問題5

問題6

# 2 聴読解問題 (問題7～12)

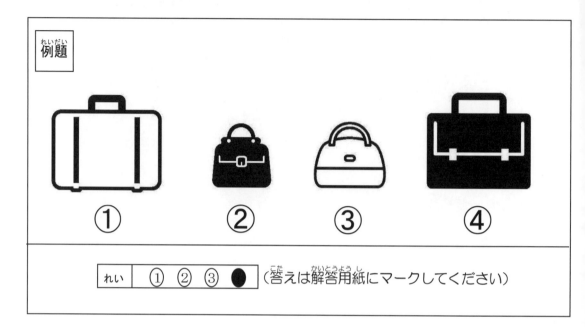

例題

① ② ③ ④

れい ① ② ③ ● （答えは解答用紙にマークしてください）

G 問題7

① ② ③ ④

## 女性が恋人からもらいたい誕生日プレゼント

| 1位 | ① |
|---|---|
| 2位 | ② |
| 3位 | ③ |
| 4位 | 財布 |
| 5位 | ④ |

問題9

J　問題10

① 500 円

② 1000 円

③ 1500 円

④ 2000 円

K　問題11

① 全国うまいもの祭り
人数
　600 人/ 1 日
売上
　約100 万円/ 1 日

② 大切な人への贈り物
人数
　30 人/ 1 日
売上
　約 120 万円/ 1 日

③ 季節のお弁当
人数
　500 人/ 1 日
売上
　約 180 万円/ 1 日

④ あなたの結婚お手伝い
人数
　20 人/ 1 日
売上
　約 15 万円/ 1 日

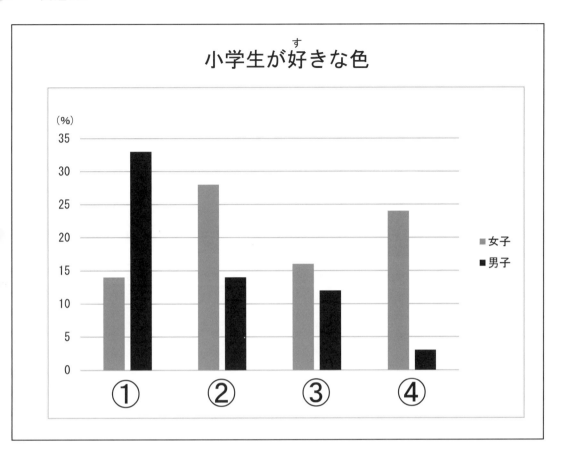

小学生が好きな色

# 3 応答問題 (問題13～28)

(問題だけ聞いて答えてください。)

| | | | |
|---|---|---|---|
| れい1 | ● | ② | ③ |
| れい2 | ① | ● | ③ |

例題1 →
例題2 →

(答えは解答用紙にマークしてください)

問題13

問題14

問題15

問題16

問題17

問題18

問題19

問題20

問題21

問題22

問題23

問題24

問題25

問題26

問題27

問題28

メモ (MEMO)

# 4 会話・説明問題 （問題29〜38）

| 例題 | 1　耳が痛いですから |
| | 2　頭が痛いですから |
| | 3　歯が痛いですから |

| れい | ①　●　③ | （答えは解答用紙にマークしてください） |

1

問題29　1　コンビニです。
　　　　　2　カレー屋です。
　　　　　3　カフェです。

問題30　1　サンドイッチだけです。
　　　　　2　サンドイッチとアイスです。
　　　　　3　アイスとコーヒーです。

2

問題31　1　2階の窓を確認します。
　　　　　2　タクシーを呼びます。
　　　　　3　結婚式に出席します。

問題32　1　行ったことがありますから
　　　　　2　先に場所を確認しておきましたから
　　　　　3　山下さんがおしえてくれましたから

問題33　1　休みがおおい会社です。

　　　　2　働いている人がおおい会社です。

　　　　3　給料がいい会社です。

問題34　1　自由な時間が増えましたから

　　　　2　健康になりましたから

　　　　3　好きな仕事ができますから

④

問題35　1　勉強です。

　　　　2　読書です。

　　　　3　作文です。

問題36　1　大学で勉強しています。

　　　　2　小説のコンテストに応募しています。

　　　　3　イベントにさんかして、自分の小説を売っています。

⑤

問題37　1　大学を出ている人です。

　　　　2　英語の読み書きが得意な人です。

　　　　3　英語で会話ができる人です。

問題38　1　1週間後からです。

　　　　2　次の週末からです。

　　　　3　合格した次の日からです。

おわり

# 第1回 J.TEST実用日本語検定（D-Eレベル）
## 正解とスクリプト

■ 読解・記述問題　350点

| 《 文法語彙問題 》<br>各5点（計150点） | | | 《 読解問題 》<br>各5点（計80点） | | 《 漢字問題A 》<br>各4点（40点） |
|---|---|---|---|---|---|
| 1) 4 | 11) 2 | 21) 2 | 31) 3 | 41) 1 | 47) 2 |
| 2) 1 | 12) 1 | 22) 2 | 32) 4 | 42) 2 | 48) 4 |
| 3) 1 | 13) 2 | 23) 2 | 33) 2 | 43) 4 | 49) 4 |
| 4) 3 | 14) 4 | 24) 3 | 34) 2 | 44) 4 | 50) 3 |
| 5) 1 | 15) 2 | 25) 1 | 35) 3 | 45) 3 | 51) 1 |
| 6) 3 | 16) 4 | 26) 4 | 36) 4 | 46) 2 | 52) 2 |
| 7) 4 | 17) 3 | 27) 1 | 37) 2 | | 53) 2 |
| 8) 1 | 18) 3 | 28) 2 | 38) 2 | | 54) 2 |
| 9) 3 | 19) 2 | 29) 1 | 39) 3 | | 55) 4 |
| 10) 1 | 20) 3 | 30) 4 | 40) 4 | | 56) 3 |

《 漢字問題B 》各4点（40点）　＊漢字問題A＋B＝計80点

57) きゅう　　　61) ふゆ　　　　65) はか
58) げんき　　　62) とお　　　　66) おそ
59) かぜ　　　　63) ちゃいろ
60) ゆうがた　　64) そくど

解答例　《 記述問題A 》各5点（20点）　＊(A)と(B)が両方正解で5点。部分点はありません。

67)（A）あります　　　　　（B）曲がって
68)（A）お姉さん　　　　　（B）働いて
69)（A）という　　　　　　（B）より
70)（A）干した　　　　　　（B）降らない

解答例　《 記述問題B 》各5点（20点）＊部分点はありません。　＊記述問題A＋B＝計40点

71) くつを脱いで、スリッパ
72) の部屋が、あまりきれいじゃありません
73) 帰ったことを知っています
74) かぜがなかなか治らない

■ 聴解問題　350点

| 《写真問題》<br>各5点（計30点） | 《聴読解問題》<br>各10点（計60点） | 《 応答問題 》<br>各10点（計160点） | | 《 会話・説明問題 》<br>各10点（計100点） |
|---|---|---|---|---|
| 1) 4 | 7) 2 | 13) 1 | 23) 2 | 29) 3 |
| 2) 3 | 8) 2 | 14) 1 | 24) 3 | 30) 2 |
| 3) 1 | 9) 4 | 15) 3 | 25) 3 | 31) 3 |
| 4) 3 | 10) 4 | 16) 2 | 26) 2 | 32) 1 |
| 5) 1 | 11) 4 | 17) 1 | 27) 2 | 33) 3 |
| 6) 1 | 12) 1 | 18) 2 | 28) 3 | 34) 2 |
| | | 19) 2 | | 35) 3 |
| | | 20) 2 | | 36) 1 |
| | | 21) 1 | | 37) 2 |
| | | 22) 1 | | 38) 3 |

第1回 D-Eレベル　聴解スクリプト

例題の写真を見てください。
例題　これは何ですか。
1　コップです。
2　いすです。
3　ノートです。
4　えんぴつです。

一番いいものは1です。ですから、例のように1を
マークします。

Aの写真を見てください。
問題1　これは、何ですか。
1　まんがです。
2　はさみです。
3　漬け物です。
4　もみじです。

Bの写真を見てください。
問題2　何をしていますか。
1　運転です。
2　ダンスです。
3　釣りです。
4　お花見です。

Cの写真を見てください。
問題3　正しい説明は、どれですか。
1　食事の支度をしています。
2　着物の用意をしています。
3　金額を相談しています。
4　工場を見学しています。

Dの写真を見てください。
問題4　正しい説明は、どれですか。
1　ホッチキスを直しています。
2　ガラスを拾っています。
3　鏡が割れています。
4　お湯が沸いています。

Eの写真を見てください。
問題5　正しい説明は、どれですか。
1　膝をついています。
2　腰をかけています。
3　汗をかいています。
4　首を曲げています。

Fの写真を見てください。
問題6　お客様に食べてほしい料理があります。こん
　　　　な時、何と言いますか。
1　こちらがおすすめです。
2　お会計は、こちらでございます。
3　こちらのクーポンが使えますよ。
4　こちらのカタログからお選びください。

例題を見てください。
男の人と女の人が話しています。

問題　男の人のかばんは、どれですか。
————————————————————
男：私のかばんは、黒くて、大きいです。
女：これですか。
男：ええ、そうです。
————————————————————
問題　男の人のかばんは、どれですか。

一番いいものは4です。ですから、例のように4を
マークします。

Gを見てください。
女の人が話しています。

問題7　マナさんは、どの人ですか。
————————————————————
男：もしもし、駅前に着きましたが、マナさん、ど
　　にいるって言っていましたか。
女：マナさんは、バス停で待っているそうです。
男：えー!?　バス停で待っている人、4人もいます。
　　どんな人ですか。
女：髪が長くて、いつもはめがねをかけています。
　　も、かけない日もあるそうです。今日は、サン
　　ルをはいていると言っていました。パーティの
　　具があるので、大きな荷物を持っているはずで
　　見つけたら、そのまま一緒にうちへ来てくださ
————————————————————
問題7　マナさんは、どの人ですか。

- 212 -

Hを見てください。
電話で、女の人と男の人が話しています。

問題8　二人は、どこで会いますか。
——————————————————
女：もしもし、今どこにいる？
男：遅れてごめん。今、駅に着いた。まだ改札には
　　入っていないよ。
女：わたしは、改札を入ったところの本屋の前にい
　　るから、ここまで来てくれる？
男：わかった。あ、トイレに行きたいから、もう少
　　し待ってもらえるかな…？
女：はあ、わかった。でも早くね。10分後の電車に
　　は乗りたいから。
男：わかった。すぐ行くから、本でも読みながら
　　待っててよ。
女：そんなことしてる時間はないでしょ。とにかく
　　急いで来て。
男：わかったよ。急いで行くよ。
——————————————————
問題8　二人は、どこで会いますか。


Iを見てください。
会社で、女の人と男の人が話しています。

問題9　二人は、どのハガキにしますか。
——————————————————
女：来年のハガキのデザインを考えてみました。4つ
　　作ったんですが、どれがいいと思いますか。
男：ありがとう。まずは、ハガキの向きを選ばないと
　　な。横はちょっと見にくいかな。
女：ええ、横より縦のほうがいいと思います。
男：そうだよね。じゃ、どっちがいいかな。
女：絵が上にあるデザインのほうが、字がたくさん書
　　けると思います。
男：うーん。会社用のハガキだから字を書くわけじゃ
　　ないし、こっちでいいんじゃないかな。
女：そうですね。
——————————————————
問題9　二人は、どのハガキにしますか。


Jを見てください。
男の人が話しています。

問題10　ホテルからの景色は、どれですか。
——————————————————
男：先週、友だちと旅行に行きました。これは、その
　　とき撮った写真です。街には、古くて低い建物や
　　家がたくさんあり、わたしは、歴史が好きなので
　　とても楽しかったです。登山もする予定でしたが、
　　雨が降ってきたので、中止になりました。ホテル
　　に戻ると急に晴れて、窓から遠くの島が見えまし
　　た。ホテルの人に聞くと、船で4時間かかると言
　　われたので、今回は行きませんでした。次の旅行
　　は、この島に行きたいです。
——————————————————
問題10　ホテルからの景色は、どれですか。


Kを見てください。
会社で、男の人と女の人が話しています。

問題11　男の人は、何に困っていましたか。
——————————————————
男：ナディアさん、日本で働き始めてもうすぐ1年
　　ですが、どうですか。
女：仕事は楽しいですが、休みが取りづらくて、国
　　に帰りたくてもなかなか…。
男：そうですよね。このアンケート、日本で働く外
　　国人が不満に思っていることを聞いたものなん
　　ですけど、それが一番多いみたいですよ。
女：それ、わたしも見ました。2番目は、「給料が
　　安すぎて貯金ができない」なんですね。
男：そうですね。
女：ところでカイさんが日本に来たばかりのときは、
　　どうでしたか。
男：給料が少なかったのもそうだけど、それより日
　　本人の上司や同僚とコミュニケーションをとる
　　のに苦労しました。わたしは、日本語が上手
　　じゃなかったので。たしかアンケートでは一番
　　少なかったけど。
女：えー！　そうなんですか！　今では、考えられ
　　ないですね。
男：そうですよ。一緒に入ったフィリピン人の同僚
　　と、よく勉強しました。
——————————————————
問題11　男の人は、何に困っていましたか。

Lを見てください。
男の人と女の人が話しています。

問題12 男の人が予定を直すのは、どの日ですか。
ーーーーーーーーーーーーーーーーーーーーーー
男：社長、オフィス移転についてですが、実はすで
　　に準備が結構進んでいるので、スケジュールを
　　少し変えていただきたいのですが。
女：うん、どこ？
男：こことここです。物を新しいオフィスに移動さ
　　せられるのが2月3日からですよね。
女：うん。捨てるものだけ残して新しいオフィスに
　　移すよ。
男：移動が終わる日に、残ったごみを全て出すとい
　　うことになっていましたが、できれば先に捨て
　　られるものは、捨ててしまいたいのですが…。
女：そうね。すでにごみが結構出ているみたいね。
　　ごみを引き取ってくれる業者に連絡して、3日
　　目だけじゃなくて、荷物移動が始まる日にも来
　　てもらうようにしようか。
男：はい、お願いします。あと、新オフィスの整理
　　ですが、2日あれば十分じゃないでしょうか。
女：うーん、でもここは、そのままでいいよ。予備
　　日でもあるし、何があるかわからないでしょ？
　　余裕を持って、けがのないようにやりたいから。
男：そうですか。わかりました。では、この日だけ
　　直しておきます。
女：よろしくね。
ーーーーーーーーーーーーーーーーーーーーーー
問題12 男の人が予定を直すのは、どの日ですか。

応答問題

例題1　おはようございます。
1　おはようございます。
2　おやすみなさい。
3　さようなら。

例題2　お仕事は？
　　　　ー会社員です。
1　わたしも会社員じゃありません。
2　わたしも会社員です。
3　わたしも医者です。

一番いいものは例題1は1、例題2は2です。ですか
ら、例題1は1、例題2は2を、例のようにマークし
ます。

問題13　もう一杯いかがですか。
1　いえ、もう結構です。
2　あまり上手じゃないんです。
3　はい、とても元気です。

問題14　お菓子ばかり食べていると、体に悪いで
　　　　すよ。
1　はい、気をつけます。
2　では、お大事に。
3　おかげさまで。

問題15　今、仕事を探しているんです。
1　それは、残念でしたね。
2　好きな仕事でよかったですね。
3　いい仕事が見つかるといいですね。

問題16　この資料、ちょっと読みにくいよ。
1　気に入りましたか。
2　どこを変えればよろしいですか。
3　練習すれば、大丈夫ですよ。

問題17　食べすぎてお腹が痛いです。
1　大丈夫ですか。
2　都合は、どうですか。
3　気にしないでください。

問題18　このレストランでは、いつお金を払いま
　　　　か。
1　前からお願いします。
2　先にいただいております。
3　後ろへお回りください。